www.ingramcontent.com/pod-product-compliance
Lightning Source LLC
LaVergne TN
LVHW010100061026
849532LV00005BA/1873

غلام مرتضیٰ راہی

فن اور شخصیت

(چہار سو [راولپنڈی، پاکستان] کا خصوصی شمارہ)

ادارہ چہار سو

© Idara Chaharsu
Ghulam Murtaza Rahi : Funn aur Shakhsiat
by: Idara Chaharsu
Edition: May '2024
Publisher:
Taemeer Publications LLC (Michigan, USA / Hyderabad, India)

ISBN 978-93-5872-590-2

کتاب	:	**غلام مرتضیٰ راہی : فن اور شخصیت**
مرتب	:	**ادارہ چہار سو**
صنف	:	تحقیق و تنقید
ناشر	:	تعمیر پبلی کیشنز (حیدرآباد، انڈیا)
سالِ اشاعت	:	۲۰۲۴ء
صفحات	:	۴۲

قرطاسِ اعزاز

’’محبت کا سبق‘‘

غزل کی آبرو کا استعارہ
کمالِ فکروفن کا گوشوارہ
لہو دل کا جلا کر روشنی دی
غزل کے حسن کو تابندگی دی
الگ سب سے تمہارے ’’سوچ لمحے‘‘
دبستانِ ادب میں خوب چمکے
محبت کا سبق تم نے دیا ہے
دلوں کو رام کیا، بس میں کیا ہے
ملی چاروں طرف سے کامیابی
ہوئی ایوانِ فن میں باریابی
روایت سے فراست پانے والے
نئے اسلوب کو اپنانے والے
تمہارا نام روشن ہے غزل میں
کنول ہو جیسے کوئی گنگا جل میں
ضیافت اہلِ فن کی تم نے کی ہے
حنا بندی چمن کی تم نے کی ہے
ارادہ باندھ کر جب گھر سے نکلے
تو خوشبو کی طرح ہر سمت پھیلے
رفو دامن کیا تنہائیوں کا
سرور ایسا لیا تنہائیوں کا
امینِ فن لقب تم کو ملا ہے
تمہاری کاوشوں کا یہ صلہ ہے
ہمارے دل سے نکلی ہیں صدائیں
کہ تم کو راس آئیں یہ فضائیں
یہ اہلِ فکر کا گلشن رہے گا
تمہارا گھر ’’غزل مسکن‘‘ رہے گا

نذیر فتح پوری (بھارت)

○

قرطاسِ اعزاز

○
○
○

غلام مرتضیٰ راہی

○
○
○

کے نام

○

''مشتِ خاک''

عروب شاہد (راولپنڈی)

نام و تخلص: غلام مرتضیٰ راہیؔ

ولادت: ۱۹۳۷ء شہر فتح پور، (یوپی)

ولدیت: غلام مصطفیٰ خاں غوری

تعلیم: بی۔اے

پیشہ: معاون مدیر؛ روزنامہ سیاست جدید، کانپور۔ (۱۹۵۸ء تا ۱۹۶۱ء)

(ii) Accounts Officer, U.P.S.R.T.C.(Rtd.)

شعری مجموعے:

ا۔لامکاں (۱۹۷۱ء) ۲۔لاریب (۱۹۷۳ء) ۳۔حرف مکرّر (۱۹۹۷ء) ۴۔لاکلام (۲۰۰۰ء)

۵۔سدابہار غزل (ہندی) (۲۰۰۳ء) ۶۔لاشعور (۲۰۰۶ء) ۷۔لاسخن (۲۰۱۲ء)

راہی کی سرگزشت:

(خودنوشت سوانح عمری) (۲۰۰۹ء)

کلیاتِ راہی:

(انتخاب مع ترمیم و اضافہ) (۲۰۱۲ء)

تبدیلی رسم الخط و ترجمہ:

ا۔مثنوی وقت (۲۰۰۱ء) ۲۔مثنوی رسولؐ (۲۰۰۲ء) شاعر صفوت علی صفوت (یو۔ایس۔اے)

دیگر امتیازات:

(i) ''غلام مرتضیٰ راہیؔ: حیات اور کارنامے'' پر پی۔ایچ۔ڈی ریسرچ اسکالر محمد حسن نظامی، نگراں: ڈاکٹر جلیل اشرف، زیر اہتمام: ونوبا بھاورے یونیورسٹی (جھارکھنڈ) (۲۰۱۰ء)

(ii) حرفِ باریاب (راہی کی غزل کا تنقیدی مطالعہ) مصنف: عشرت ظفرؔ (۲۰۰۷ء)

(iii) کلامِ راہی اور صنائع و بدائع'' مصنف: محمد ادریس رضوی ایم۔اے۔ (۲۰۰۹ء)

انعام و اعزاز:

اُتر پردیش اردو اکادمی، بہار اردو اکادمی نیز دوسرے مقتدر ادبی اداروں کے انعام اعزاز کے علاوہ ۱۹۹۷ء میں اردو زبان و ادب کی مجموعی خدمات کے اعتراف میں آل انڈیا میرؔ اکیڈمی لکھنؤ کا ''امتیازِ میر ایوارڈ'' تفویض ہوا۔

مستقل پتہ: راہی منزل، بِنْدکی، فتح پور (یوپی) بھارت۔

ٹیلی فون: (05180)222323

موبائل: 9236590822

براہِ راست

اردو ادب کا موجودہ منظر نامہ بظاہر بڑا حوصلہ افزا اور خوش کُن منظر نامہ پیش کرتا دکھائی دیتا ہے۔صورت حال بدقسمتی سے ایسی ہے نہیں جیسی بتلائی جارہی ہے۔اسباب گنوانے کا یہ موقع ہے نہ محل البتہ! یہ امر باعثِ اطمینان ہے کہ زبانِ میرؔ و غالبؔ سے جڑے ابھی بہت سے ایسے مخلص، بے لوث اور خلاق تخلیق کار ہمارے درمیان موجود ہیں جن کی بدولت اُمید کی بہت سی شمعیں فروزاں کرنے کو جی چاہتا ہے۔آج کی محفل کی رونق کو فزوں تر کرنے والے جناب غلام مرتضیٰ راہیؔ کا نامِ نامی اسی قبیل کے اہل قلم میں کیا جاتا ہے جو نہایت اخلاص کے ساتھ کام، کام، صرف کام میں یقین رکھتے ہیں۔آیئے ہم سب مل کر اس قدر اہم اور دور اُفتادہ شاعر کو نہ صرف خراج تحسین پیش کریں بلکہ آنے والے وقتوں میں اُن کی صحت وسلامتی اور شادکامی کی دعاؤں کا نذرانہ بھی پیش کریں!!!

گلزار جاوید

☆ ''پنی'' کے محل موقوع، بودوباش اور وہاں رہائش کے اسباب بتلایئے؟

☆☆ ''پنی'' شہر فتح پور کے ایک محلے کا نام ہے۔یہاں کے بزرگ شاعر وحیدالدین خان متین جن کی عمر ۹۳ برس سے متجاوز ہے بتاتے ہیں کہ ان کا خاندان ''پنی پٹھان'' کہلاتا ہے ان کے آباؤاجداد نے پنی محلّہ آباد کیا تھا جو رفتہ رفتہ غیر مشدّد ہو کر پنی (Pani) بن گیا۔میرے والد نے بچوں کی تعلیم و تربیت کی غرض سے قصبہ کنور پور سے منتقل ہو کر ۱۹۳۶ء میں محلّہ پنی، فتح پور میں مستقل سکونت اختیار کر لی تھی۔یہیں میں ۱۹۳۷ء میں تولّد ہوا تھا۔

☆ اب ذرا گردشِ ایام کو پیچھے کی جانب ہانکا لگایئے تا کہ ماضی کے اوراق میں آباء سے ہمکلام ہو کر کچھ نئے زاویے تلاش کیے جائیں؟

☆☆ راقم کے مورثِ اعلیٰ احمد خان بہادر ساکن دہلی کے بڑے بیٹے محمود خان غوری (رسالدار) نے ۱۶۵۹ء میں بحکم شہنشاہ اورنگ زیب عالم گیر، دہلی کا پایۂ سکونت ترک کر کے ضلع فتح پور کے موضع کوڑہ جہان آباد، کھجوا کے بعد قصبہ کنور پور میں بود و باش اختیار کر لی تھی۔تبھی سے ہمارے خاندان کا شجرہ نسلاً بعد نسلاً مرتب ہوا۔کھجوا کے قریب ایک خوں ریز جنگ میں اورنگ زیب نے اپنے بھائی شجاع پر فیصلہ کن فتح حاصل کی تھی۔کنور پور ایک قدیم دیہات ہے، یہاں عہد مغلیہ اور انگریزوں کے دور کے آثار قدیمہ شکستہ حالت میں موجود ہیں جو تیزی سے امتدادِ زمانہ کے شکار ہوتے جارہے ہیں۔میرے پردادا مسکین خاں بڑے دلیر اور جاں باز شخص تھے، بنوٹ اور شمشیر زنی میں زبردست مہارت رکھتے تھے۔میرے دادا اور والد محکمہ آبپاشی میں ملازم تھے، دونوں صوفی منش تھے، میرے والد شعر موزوں کر لیتے تھے۔اکثر محفلِ سماع برپا ہوتی تھی۔اس ماحول میں اوائل عمری میں ہی میرے اندر شعر و نغمہ کا شغف پیدا ہوا، آدابِ مجلس کا شعور آیا اور طبع موزوں ہوئی۔

جس وقت (۱۹۵۴ء میں) راقم نے انٹرمیڈیٹ کا امتحان پاس کیا، شہر فتح پور میں ایک بھی ڈگری کالج نہ تھا۔روشنی کے لیے چراغوں کا اور پانی کے واسطے کنوؤں کا منھ دیکھنا پڑتا تھا۔چنانچہ میں نے کانپور کے کرائسٹ چرچ کالج سے بی۔اے کیا اور وہیں اردو کے کثیر الاشاعت ''روزنامہ سیاست جدید'' میں معاون مدیر کی حیثیت سے میری تقرری ہوگئی۔۱۹۶۳ء میں یو۔پی۔ گورنمنٹ روڈویز میں بطور اکاؤنٹنٹ ملازم ہوا۔۱۹۷۰ء تا ۱۹۸۹ء علی گڑھ میں پوسٹنگ رہی اور بطور Accounts Officer کانپور سے ۱۹۹۵ء میں وظیفہ یاب ہوگیا۔علی گڑھ میں میرا زیادہ تر وقت مسلم یونیورسٹی کے Campus یا شعبہ اردو میں گزرتا تھا۔اُس وقت کے اساتذہ میں پروفیسر آل احمد سُرور، ڈاکٹر خلیل الرحمٰن اعظمی، ڈاکٹر اسلوب احمد انصاری، ڈاکٹر وارث کرمانی، شہریار، ڈاکٹر وحید اختر، ڈاکٹر سید امین اشرف، ساجدہ زیدی، زاہدہ زیدی، ریسرچ اسکالرز میں شمیم حنفی، بشیر بدرؔ، امیر عارفی اور طلبہ میں ابوالکلام قاسمی، صلاح الدین پرویز، احتشام اختر، مرزا خلیل احمد بیگ اور شہپر رسول وغیرہ کا مجھے قرب حاصل تھا مگر خلیل الرحمٰن اعظمی میرے سب سے محترم برادر معنوی اور شہریار میرے سب سے اچھے دوست تھے۔

☆ پندرہ برس کی عمر میں شعر گوئی کا شعور اور ذوق کس ذریعہ سے آپ کے مزاج کا حصہ بنا؟

☆☆ ۱۹۵۲-۵۳ء میں فتح پور میں بشیر بدرؔ اور استاد شاعر طاہرؔ فتح پوری میرے پڑوسی تھے ان کے یہاں آئے دن طرحی/غیر طرحی شعری نشستیں منعقد ہوا کرتی تھیں، میں پابندی کے ساتھ شریک ہوتا تھا۔انہیں محافل میں میرا شعری ذوق بیدار رہا۔اکثر مصرعہ طرح پر غزل کہہ کر سنایا کرتا تھا۔استادی نواب علی خاں گوہرؔ جو علاقہ اثرؔ لکھنوی کے خواہرزادہ تھے اور مسلم انٹر کالج فتح پور میں اردو اور فارسی کا درس دیتے تھے، میرے کلام کی اصلاح کر دیا کرتے تھے۔کانپور میں

بھی اکثر طرحی نشستوں میں شرکت رہی، وہاں کے اکابرینِ ادب کی صحبت سے فیضیاب بھی ہوتا رہا لیکن ۱۹۶۵ء میں فتح پور پوسٹنگ ہونے پر ہی میں نے نظم گوئی سے باقاعدہ شاعری سے تعلق استوار کیا۔

☆ کچھ لوگ آپ کے رومانوی تجربات کی نشان دہی بھی کیا کرتے ہیں۔ آج کی نشست میں اس اجمال کی تفصیل بتانا پسند کریں گے؟

☆☆ ایامِ شباب میں چند رومانی تجربات ضرور ہوئے مگر عشق و عاشقی کا جنون مجھے کبھی نہیں رہا۔ چنانچہ میری شاعری میں رومانی یا عشقیہ اشعار آپ کو خال خال ملیں گے۔

☆ آپ کو خیالوں، خوابوں کی دنیا کا آدمی کہنے والے عمل پسندی سے گریزاں انسان تو نہیں بتلا رہے؟

☆☆ اگر کوئی مجھے خیالوں اور خوابوں کا آدمی سمجھتا ہے تو وہ سراسر غلطی پر ہے۔ میں ایک حقیقت پسند اور Self made man ہوں۔ میری شاعری اور میری خودنوشت سوانح عمری (راہی کی سرگزشت) اس بات کا بیّن ثبوت ہے۔

☆ راہیؔ صاحب! کچھ تفصیل اپنی ''میں'' کے حوالے سے بتانا پسند کریں گے؟

☆☆ میں نے اپنی ''میں'' یا (Self Respect) کا تحفظ ہمیشہ اور ہر قیمت پر کیا ہے۔ محولہ ''راہی کی سرگزشت'' میں ابواب کے ابواب ایسے واقعات سے بھرے پڑے ہیں۔

☆ ''زمین'' آپ کے ہاں خاص استعارے کے طور پر استعمال کیوں کی جاتی ہے؟

☆☆ دیکھئے! زمین، دیوار، آئینہ، شہر، چہرہ، غبار، سمندر، ذرّہ، سورج، دھوپ، دریا، پتھر، خلا، صحرا، سفر، لہو وغیرہ جیسے الفاظ آپ کو ہر جدید شاعر بالخصوص ہر اول دستے کے ہر جدید شاعر کی Vocabulary میں وافر مقدار میں مل جائیں گے۔ دراصل وہ دور قدروں کی شکست و ریخت کا دور تھا اور عصری حسّیت کے شعری اظہار کے لیے یہ استعارے ناگزیر تھے۔ میں نے بھی ان استعاروں خاص طور سے زمین، دیوار اور آئینہ سے خوب استفادہ کیا ہے۔ مگر دوسروں سے الگ اور مخصوص زاویے کے ساتھ۔

☆ ''دیوار'' آپ کے ہاں بے یقینی اور جز وقتی سہارے کی علامت کیوں ہے؟

☆☆ ''دیوار'' کے تعلق سے ڈاکٹر سید یحییٰ نشیط نے انکشاف کیا ہے کہ ''مضمون ہائے رنگا رنگ'' اور ایک مضمون کو سو طرح سے باندھنے کے دعوے غالبؔ اور انیسؔ جیسے استادانِ سخن نے تو کیے ہیں لیکن ایک لفظ کو سو طرح سے باندھنے کا اردو شعر و ادب میں کسی نے دعویٰ نہیں کیا، غلام مرتضیٰ راہی نے بھی اگرچہ ایسا کوئی دعویٰ نہیں کیا لیکن ان کی شاعری میں ایک لفظ ''دیوار'' کو سو طرح سے باندھنے کی مثال مل جاتی ہے وہ بھی اس انداز سے کہ اس پامال لفظ سے شعری حسن نکھر آیا ہے اور لفظ کی معنوی خوبی دو چند ہوئی ہے''۔ دیوار کا لفظ میرے یہاں مثبت و منفی اور آس و یاس دونوں معنوں میں استعمال ہوا ہے۔ ''دیوار'' سے مراد استقامت بھی لی گئی ہے۔ سہارا اور مامن کے معنوں میں بھی استعمال ہوئی ہے۔ ''انا'' کی علامت کے طور پر بھی آئی ہے۔ سورج کی عروجی حالت میں دیوار سایہ نہیں دے سکتی۔ دیوار کی اس حالت بے چارگی کو انسان کی حالتِ بے چارگی پر منطبق بھی کیا گیا ہے۔ الغرض میرے یہاں دیوار کے صد ہا پہلو ہیں۔

☆ لفظ ''آئینہ'' آپ کے ہاں کلیدی حیثیت کیوں رکھتا ہے؟

☆☆ ڈاکٹر سید امین اشرف نے اپنے وقیع و موقر مضمون میں راقم کی شاعری میں ''آئینہ'' کو کلیدی استعارہ بتاتے ہوئے شاعر کے مختلف النوع مشاہدات اور تجربات کے شعری اظہار کی مثالیں پیش کی ہیں۔ ہر چھوٹے بڑے شاعر کے یہاں بعض الفاظ کلیدی حیثیت اختیار کر سکتے ہیں، بلکہ کر لیتے ہیں۔ دیکھنا یہ ہوتا ہے کہ کسی لفظ کے بار بار استعمال ہونے سے مختلف النوع معنی بھی برآمد ہوئے ہوں۔ یعنی کسی لفظ کی تکرار کا عمل الگ الگ معنوی ضرورتوں کے تحت ہوا ہو۔

☆ آپ بیتی میں جگ بیتی بیان کرنے کا عمل کس خوف یا اندیشے کا مظہر ہے؟

☆☆ میری خودنوشت سوانح عمری ''راہی کی سرگزشت'' میں ''آپ بیتی'' میں ''جگ بیتی'' کا بیان شاذ ہی ملے گا۔ میرے یہاں تجسس اور تشکک بہت ہے، خوف برائے نام ہے۔

☆ آپ کی غزل کا ڈرامائی کردار خوف زدہ کیوں ہے اور ہے تو کس سے؟

☆☆ میری شاعری من حیث المجموع ''رجائی'' شاعری ہے، قنوطی نہیں۔ اگر قنوطیت کی چند مثالیں مل جائیں تو وہ مستثنیات میں شمار ہوں گی۔

☆ آپ کی نسبت عصری شعور کا ذکر کثرت سے کیا جاتا ہے۔ اُس کی تشریح البتہ کوئی نہیں کرتا؟

☆☆ میری غزلیں آج کے دورِ پُر آشوب سے پوری طرح جڑی ہوئی ہیں۔ ان میں عصری شعور کی جھلک جا بجا نظر آتی ہے۔ جن ناقدین نے میرے یہاں عصری شعور کا ذکر کیا ہے ان میں سے اکثر نے اشعار سے مثالیں دے کر اس کی تشریح بھی کی ہے۔

☆ کچھ لوگوں کے خیال میں آپ نے اردو غزل کو نئی راہ دکھلائی ہے۔ ہمارے قارئین آپ کی زبانی اُس کی تفصیل جاننا چاہیں گے؟

☆☆ اساطین و اکابرینِ ادب نے دلیلوں اور مثالوں کے حوالے سے لکھا ہے کہ غلام مرتضیٰ راہیؔ کی غزلیں منفرد اسلوب و لہجہ نیز نئی اور انوکھی خیال

بندی کے لحاظ سے اردو شاعری میں اضافہ کی حیثیت رکھتی ہیں اور یہ کہ جدید غزل کا کوئی مطالعہ راہی کی غزل کے بغیر ادھورا رہے گا۔ غزل گو شعراء کے ہجوم میں جہاں چہروں میں امتیاز کرنا مشکل ہے، میری آواز کا چہرہ دوسروں سے ممتاز اور منفرد ہو کر پہچانا جاتا ہے، آواز کے چہرے کے ایسے عکس ''کلیات راہی'' کے ہر صفحہ پر چمک رہے ہیں۔ اگر میں اس ضمن میں صرف مشاہیر اہلِ قلم کی آراء کے حوالے دوں تو بھی یہاں اس کی گنجائش نہیں ہے۔

☆ جدیدیت کے ہراول دستے میں نظر آنے کے اسباب اور جواز ضرور بتلایئے؟

☆☆ جدیدیت کا آغاز بیسویں صدی کے ساتویں دہے میں ہوا۔ میری شاعری کی ابتدا بھی جدیدیت کے آغاز کے ساتھ ہوئی۔ میری غزل کا لب ولہجہ، اسلوب و آہنگ شروع سے جدید تھا۔ میں نے غزل کو ایک نئے ذائقے سے روشناس کیا، لہٰذا جدید غزل کے ہراول دستہ میں میرے نام کی شمولیت فطری بھی تھی اور ناگزیر بھی۔

☆ کچھ لوگوں کے خیال میں اردو غزل محض عشق و محبت کے سحر میں گرفتار لوگوں کے دل بہلاوے کا کھیل ہے یعنی آج کے جدید دور میں اردو غزل ایک طرح سے اذکار رفتہ گردانی جاتی ہے؟

☆☆ ولی دکنی سے لے کر غزل نے ہر آنے والے عہد کے تقاضوں کو پورا کیا ہے۔ عہد حاضر کی بھی بھرپور نمائندگی کر رہی ہے۔ غزل کو از کار رفتہ صنف سخن بتانے والے دراصل غزل کے امکانات سے جان بوجھ کر صرف نظر کرتے ہیں یا پھر غزل کے امکانات تک رسائی کی تاب ہی نہیں رکھتے۔ سچائی یہ ہے کہ گزشتہ تین صدیوں کے طویل ترین سفر میں بھی غزل نقطۂ سیری (Saturation Point) کو نہیں پہنچ سکی ہے۔ مستقبل میں بھی ایسے کسی خدشے کو خارج از امکان سمجھنا چاہیے۔

☆ جدیدیت کے علمبردار ہوتے ہوئے اردو نظم سے آپ کی بے اعتنائی سمجھ سے بالاتر ہے؟

☆☆ دراصل میں نے شاعری کی ابتدا کلیتاً نظم گوئی سے کی تھی۔ اُس دور میں میری پابند اور معرّا نظمیں ماہنامہ شاعر، ماہنامہ کتاب، ماہنامہ آہنگ، ماہنامہ نیا دور اور ماہنامہ پگڈنڈی کے پورے پورے صفحات کی زینت بنتی تھیں۔ مشکل یہ تھی کہ میری نظموں کے موضوعات بھی تقریباً وہی تھے جو ترقی پسند شعراء کے پسندیدہ اور طبع آزما تھے۔ ان کے آہنگ میں گھن گرج بھی ترقی پسندوں کی جیسی تھی۔ یعنی نظموں میں مجھے اپنی الگ پہچان بنانے کا مسئلہ درپیش تھا۔ اسی درمیان شب خون، تحریک اور آہنگ جیسے جدید رنگ و آہنگ کے رسالے میرے مطالعے میں آئے، ان میں شائع ہونے والی جدید غزلوں کا لب ولہجہ مجھے اپنے مزاج سے میل کھاتا ہوا محسوس ہوا۔ چنانچہ میں نئی غزل کی طرف راغب ہوا اور میری جدید غزلیں رسائل کے وسیلے سے بہت جلد خاص و عام میں مقبول ہونے لگیں۔ میں نے اپنے ذاتی تجربوں اور جودت طبع پر بھروسا کیا اور اسلوب کو فکر سے علیحدہ رکھنے کے بجائے ان کے صحیح امتزاج پر نظر رکھی۔ ۱۹۷۱ء میں میری غزلوں کا اولین مجموعہ ''لامکاں'' اشاعت پذیر ہو کر ہاتھوں ہاتھ لیا گیا۔ اردو کے ممتاز ناقد ڈاکٹر محمد حسن نے دوٹوک الفاظ میں لکھا کہ ''اس شان کی غزل لکھنے والے اردو میں انگلیوں پر گنے جاسکتے ہیں۔ ۱۹۳۷ء میں پیدا ہونے والے شاعر کے لیے ایسا مجموعہ پیش کرنا فال نیک ہے، خود اس کے لیے بھی اور اردو کے مستقبل کے لیے بھی۔ اس مجموعہ (لامکاں) سے ایک بار پھر غزل کے نئے امکانات کا ثبوت ملتا ہے''۔ عہد ساز ناقد پروفیسر شمس الرحمان فاروقی، میرے مجموعہ غزل ''لاکلام'' مطبوعہ ۲۰۰۰ء کے بارے میں رقم طراز ہوئے کہ ''ایسی عمر میں جب اکثر شاعر تھک کر بیٹھ چکے ہوتے ہیں، غلام مرتضیٰ راہی مرحلے تسخیر کر رہے ہیں'' اس طرح نظم سے غزل کی طرف آنے کا میرا فیصلہ بالکل صحیح تھا۔

☆ جو لوگ آپ کے لہجے کو تربیت یافتہ کہتے ہیں، اُن پر لازم نہیں کہ اس کا ماخذ بھی بتلائیں؟

☆☆ اوائل عمری سے ہی مجھے اہل زبان کی صحبت نصیب رہی۔ مزید برآں علی گڑھ میں ۱۹ برسوں تک میرا مستقل قیام رہا جہاں مسلم یونی ورسٹی کے اساتذہ، ریسرچ اسکالرز اور طلباء کے ساتھ میرا بیشتر وقت گزرا۔ شعر و ادب کی معیاری کتابوں کے مطالعے کے مواقع میسر آئے۔ میرے لہجے کے تربیت یافتہ ہونے کا یہی جواز ہے۔

☆ آپ کی شاعری کو زندگی کے قریب اور زندگی کی ترجمان مان لیا جائے تو زندگی سے آپ کے معاملات کی بابت اشتیاق لازمی ہے؟

☆☆ میری شاعری زندگی سے قریب بھی ہے اور زندگی کی ترجمان بھی ہے۔ تمام ناقدین نے میرے یہاں عصری شعور کی نشاندہی کی ہے۔ میرے یہاں خارجی تجربات و مشاہدات بھی ذاتی احساس بن کر تخلیقی بصیرت اختیار کر لیتے ہیں۔ میں نے اپنی شاعری میں جہاں کہیں خلاؤں کی طرف اُڑان بھری ہے، وہاں بھی زمین کو ہی Run Way کی طرح استعمال کیا ہے۔ کرشن کمار طور کے لفظوں میں ''غلام مرتضیٰ راہی کو زندگی و گردوپیش سے شعر اخذ کرنے کی غیر معمولی قوت متخیلہ ودیعت ہوئی ہے''۔ زندگی سے میرے معاملات میں دین اور دنیا دونوں کے تقاضے شامل رہے ہیں۔ ان دونوں کے سمجھوتے کے ساتھ عمر کی ۷۵ بہاریں دیکھ چکا ہوں۔ اس عرصہ میں ایسا کوئی دلچسپ یا قابلِ ذکر سانحہ یا موڑ پیش نہیں آیا جسے جاننے کا کسی کو اشتیاق ہو۔

☆ اگر یو۔ پی کے دس شعراء میں آپ کا نام لازمی ہے تو بھارت کے اردو شعراء میں آپ کا نمبر کیا ہونا چاہیے، یہی سوال عالمی اردو شاعری کے حوالے سے بھی جواب طلب ہے؟

☆☆ شاعروں کو صوبہ وار خانوں میں تقسیم کرنے کا چلن یہاں نہیں ہے۔ البتہ غزل گو شاعروں کی ملک گیر فہرست کی ترتیب میں محمد علوی، شہریار،

مظفر حنفی، عرفان صدیقی، بشیر بدؔر، سلطان اختر، کرشن کمار طورؔ، باقؔی، زیبؔ غوری وغیرہ کے ساتھ میرا نام بھی شامل کیا جاتا ہے۔ اردو شاعروں کی عالمی سطح کی درجہ بندی شاید ابھی تک نہیں کی گئی ہے۔ یہ کام ناقدین اور محققین کا ہے۔

☆ باقؔی کے بعد غزل کی لفظیات کو ثمر بار کرنے کا سہرا آپ کے سر باندھنے والے کس قدر مبالغہ آرائی کے مرتکب ہو رہے ہیں؟

☆☆ مجھے نہیں معلوم کہ باقؔی کے بعد غزل کی لفظیات کو ثمر بار کرنے کا سہرا کن لوگوں نے میرے سر باندھا ہے۔ بہر نوع یہ کام اچھی طرح تحقیق کر لینے کے بعد ہی سرانجام دیا گیا ہوگا۔ مجھے اس میں مبالغہ آرائی کا اندیشہ کم معلوم ہوتا ہے۔

☆ روایت سے بغاوت کا تاثر آپ کے ہاں نمایاں ہے۔ کس چیز سے بغاوت اور اس بغاوت کا جواز کیا ہے۔ بدلے میں آپ کو حاصل کیا ہوا؟

☆☆ دراصل میری شاعری روایت سے بغاوت کے بجائے صحت مند روایت کی توسیع ہے۔ میرے جن ہم عصر غزل گو شعراء نے روایت سے بغاوت کو اپنا شعار بنایا، آج قعرِ گمنامی میں پڑے ہوئے ہیں۔

☆ تخلیق کے حوالے سے آپ کی نظر میں تنقید کی اہمیت کیا ہے اور اپنے دور کے ناقدین سے آپ کس حد تک مطمئن ہیں؟

☆☆ تنقید، تخلیق کی پارکھ بھی ہے اور تخلیق کار کی مشیر بھی۔ تنقید نے ہی تخلیق کے صحیح مقام و مرتبے سے دنیا کو روشناس کیا۔ ان میں میرؔ اور غالبؔ بھی شامل ہیں۔ اب تنقید نظیرؔ اکبر آبادی کو گوشۂ گمنامی سے نکال کر منصۂ شہود پر جلوہ گر کر رہی ہے۔ عہد حاضر میں تو تنقید، تخلیق پر پوری طرح حاوی ہوتی نظر آ رہی ہے۔ میرے خیال میں تخلیق کی بہتات اور افراط کے ساتھ تنقید کی اہمیت اور بھی مسلم ہوگئی۔ میں اپنے دور کے مستند اور معتبر ناقدین کی کارکردگی سے مطمئن ہوں اور ان سے مزید توقع رکھتا ہوں۔ آج کے نقادوں میں ذرا غیر جانب داری کی کمی محسوس ہوتی ہے۔

☆ ایک بات مگر بڑی عجیب ہے کہ آپ کے تمام احباب نے ''سب اچھا ہے'' کی رپورٹ دے کر آپ کو تنقیدی محاکمے سے مُکت کر دیا؟

☆☆ بھائی جان! میرے اب تک کے چھ عدد مجموعہ ہائے غزل پر کوئی ڈیڑھ سو مضامین، تبصرے و آراء آ چکے ہیں۔ اب اس کو کیا کہیے گا کہ معدودے چند کے علاوہ تمام کے تمام اربابِ قلم نے مجھے Clean chit عنایت کی ہے۔ یعنی میری شاعری میں انہوں نے ''سب اچھا ہے'' بتانا ہے۔

☆ شہرت کا تصور آپ کے ہاں کیا ہے نیز اس کی طلب کس قدر پائی جاتی ہے؟

☆☆ شہرت اور نام و نمود کی مہک ہر فنکار کی فطرت میں شامل ہوتی ہے، یہ چاہ مجھ میں بھی ہے لیکن سستی شہرت (Cheap Popularity) کو میں قطعی پسند نہیں کرتا۔ میں نے تشہیر اور ابلاغ کے لیے بیساکھیوں کا سہارا کبھی نہیں لیا، بلکہ انکساری اور غیر مصنوعانہ طور طریق کے ساتھ غزل کی مشاطگی کرتا رہا ہوں، یہاں تک کہ میں نے اپنی کتابوں کے اجراء کی دھوم دھام اور شور و غوغا سے بھی گریز کیا ہے۔

☆ جس قد کاٹھ کے آپ شاعر ہیں اُس قدر آپ کی شناخت ہندوستان سے باہر اردو حلقوں میں نہیں حتیٰ کے پاکستان میں بھی کم کم لوگ آپ سے واقف ہیں؟

☆☆ آپ نے بجا فرمایا ہے۔ اس کا سبب یہ ہے کہ لامکاں (۱۹۷۱ء) کے مقبولیت کے بعد جب مجھے پاکستان کے رسائل میں چھپنے چھپانے کا شوق ہوا تو دریں اثناء دونوں ملکوں کے درمیان کشیدگی کچھ اس قدر بڑھ گئی کہ ڈاک کا آنا جانا بھی موقوف ہوگیا۔ کچھ یہ کہ سرکاری افسر ہونے اور تعصب زدہ ماحول میں تعینات ہونے کی وجہ سے بعض تحفظات بھی مانع رہے۔ پھر یہ کہ ۱۹۸۰ء کے آس پاس مجھے تاش (Playing Card) کے مشہور کھیل برج (Bridge) کی ایسی لت لگی کہ اکثر راتیں کلب میں گزرنے لگیں۔ دن میں Accounts کے مسئلے حل کرنے میں مغز پچی کرنی پڑتی تھی۔ نتیجہ یہ ہوا کہ شعر و شاعری کی طرف میری طبیعت کم سے کم مائل ہونے لگی، یہاں تک کہ رفتہ رفتہ شاعری مجھ سے ایسی چھوٹی کہ قریباً پندرہ برسوں تک بالکل چھوٹی رہی۔ ۱۹۹۵ء میں ملازمت سے وظیفہ یاب ہو کر فتح پور (وطن مالوف) واپس آنے پر شاعری کا شوق بھی لوٹ آیا۔ پاکستان کے رسائل سے بھی رابطہ اختیار کیا۔ سفیر اردو، روشنائی، تخلیق، اوراق وغیرہ میں میرا کلام چھپنے لگا۔ ادھر اردو اور انگریزی کے نامور ادیب و شاعر، میرے محترم برادر معنوی صفوت علی صفوت نے ''چہارسو'' سے رجوع کرایا، چنانچہ چند برسوں سے ''چہارسو'' میں تواتر کے ساتھ چھپ رہا ہوں۔ پاکستان کے وہ قارئین جن کے مطالعہ میں بھارت کے رسائل آتے ہیں (علی الخصوص ماہنامہ شب خون) وہ میرے نام اور کلام سے واقف ہوں گے۔ اس کا ایک ثبوت یہ ہے کہ جب ڈاکٹر وزیر آغا کی ادارت میں رسالہ ''اوراق'' کے ۳۵ر سال پورے ہونے پر خاص نمبر شائع ہوا تو اس میں ہندوستان سے صرف راقم کا کلام شامل کیا گیا۔

☆ مطالعہ کی صورت حال آپ کے ہاں کیا ہے۔ اردو، عربی، فارسی کے علاوہ آپ نے کن زبانوں کا ادب پڑھا اور اُن کے اثرات آپ کی شاعری میں کس طرح ظاہر ہوئے۔

☆☆ مطالعہ کا مجھے بے حد شوق ہے۔ ''عربی'' مجھے نہیں آتی۔ انگریزی اور ہندی ادب کا مطالعہ بھی کرتا رہتا ہوں۔ یہ زبانیں میرے نصاب میں بھی شامل تھیں۔ اردو سے ہندی اور انگریزی سے اردو میں کئی کتابوں کا ترجمہ کر چکا ہوں۔

☆ سیاحت بھی آج کے دور میں تخلیق کار کے ذہن کو وسعت دینے میں اہم کردار ادا کرتی ہے اس حوالے سے آپ کے ہاں صورت حال کیا ہے؟

☆☆ بیشک، سیر و سیاحت سے ذہن و نظر میں کشادگی آتی ہے۔ مشاہدات اور تجربات میں بوقلمونی وسعت اور دروں بینی پیدا ہوتی ہے۔ میں باہر تو نہیں گیا مگر اندرون ملک ضرور گھوما پھرا ہوں۔ سیر سپاٹے کے لمحوں میں تازہ ہواؤں کے لیے میں نے اپنے دل و دماغ کے دریچے ہمیشہ کھلے رکھے ہیں۔

☆ اردو ادب میں مکاتبِ فکر اور دھڑے بندی کا رواج عام ہے آپ کی پوزیشن اس حوالے سے کیا ہے اور آپ اس صورت حال کو کس نظر سے دیکھتے ہیں؟

☆☆ اردو ادب میں مکاتبِ فکر اور دھڑے بندی سے ادب اور ادیب دونوں کا نقصان ہو رہا ہے۔ یہ سلسلہ مزید شدت اختیار کرتا جا رہا ہے۔ ادباء و شعراء اُسی لابی (Lobby) کو ترجیح دیتے ہیں جس میں انعام و اکرام، مالی منفعت اور بیرونی ممالک کی سیر و سیاحت کے اچھے مواقع ہوں۔ میری پوزیشن یہ ہے کہ ۱۹۶۷ء میں ماہنامہ شب خون کے اجراء کے ساتھ ہی میرا جھکاؤ محترم شمس الرحمان فاروقی کی طرف ہو گیا تھا۔ ''شب خون'' میں مجھے آخیر تک بھرپور نمائندگی ملی اور ایک منفرد و ممتاز غزل گو کی حیثیت سے برصغیر کے سنجیدہ ادبی حلقوں میں جانا پہچانا گیا۔ ظفر اقبال بھی ''شب خون'' کے وسیلے سے ہی ہندوستان میں جانے مانے گئے۔

☆ بطور سینئر شاعر اردو ادب سے آپ کی توقعات کیا ہیں اور اُن کے پورے ہونے کے امکانات کس قدر ہیں؟

☆☆ ولؔی کے زمانے سے ہی اردو ادب سے توقعات وابستہ کرنے کا سلسلہ شروع ہو گیا تھا، اردو ادب نے کسی بھی دور میں توقعات رکھنے والوں کو مایوس نہیں کیا، میرؔ، غالبؔ، انیسؔ اور اقبالؔ جیسے عظیم شاعر پیدا کیے۔ تنقید، تحقیق اور افسانے میں بھی نامور ہستیاں منصۂ شہود پر جلوہ گر ہوئیں۔ اردو ادب میں ہنوز اچھے اور بہت اچھے فنکار پیدا ہو رہے ہیں۔ میں تو آشاوادی انسان ہوں۔ کیا عجب میرؔ و غالبؔ کے قد کا شاعر پھر پیدا ہو جائے ہر چند کہ ''بڑی مشکل سے ہوتا ہے چمن میں دیدہ ور پیدا'' اردو ادب سے میری یہی توقعات ہیں کہ دنیا کے بڑے سے بڑے ادب سے آنکھیں ملا سکے۔

☆ یہی سوال موجودہ عالمی منظر اور پس منظر کو سامنے رکھتے ہوئے اردو زبان و ادب اور شاعری کے مستقبل کے حوالے سے کیا جائے تو آپ کا جواب کیا ہوگا؟

☆☆ برصغیر میں اردو ادب کا مستقبل روشن سے روشن تر ہوتا جا رہا ہے۔ اردو زبان و ادب اور شاعری سرحد کے دونوں طرف پھول پھل رہے ہیں۔ بیشک وہ ادباء و شعراء جو ہجرت کر کے دیگر ممالک میں جا بسے، اردو کی ترویج و ترقی اور فروغ کے لیے دامے، درمے، قدمے و سخنے کمربستہ رہتے ہیں۔ لیکن ان کی اولاد کا اردو سے نابلد ہونا تشویش کی بات ہے۔ مہاجروں کی بوڑھی ہوتی ہوئی پیڑھی کے بعد وہاں اردو کا کیا ہوگا؟ یہ سوچ کر میں اکثر پریشان ہو جاتا ہوں۔

(ناصر کاظمی کی یاد میں)

غلام مرتضیٰ راہؔی

جلانے والا سمجھتا ہے مَیں بجھا دوں گا
چراغ جلتا رہے اِس طرح ہَوا دوں گا

یوں ہی جو لگتی رہی بھیڑ میرے چاروں طرف
تماشا ان کو کسی روز میں دکھا دوں گا

اگر ہجوم میں شامل نہ ہو سکا تو پھر
گزرنے والوں کب تک میں راستہ دوں گا

کہاں سے آنا ہوا، کس طرف کو جانا ہے
کسی نے پوچھ لیا تو جواب کیا دوں گا

مِٹا مِٹا کے بنانے سے ہوگا یہ راہؔی
بگاڑتے نہ بنے گا جو میں بنا دوں گا

○

"بارگاہِ آئینہ"

راہی صاحب کی منتخبہ غزلیں

عطیہ سکندر علی　(سکھر)

○

بات بڑھتی گئی آگے، مری نادانی سے　　کتنا ارزاں ہُوا مَیں اپنی فراوانی سے
خاک ہی خاک نظر آئی مجھے چاروں طرف　　جل گئے چاند ستارے مری تابانی سے
بے تحاشہ جیے ہم لوگ، ہمیں ہوش نہیں　　وقت آرام سے گزارا کہ پریشانی سے
اب مرے گرد ٹھہرتی نہیں دیوار کوئی　　بندشیں ہار گئیں بے سروسامانی سے
آئے گا ایسا بھی اک موڑ سفر میں راہیؔ　　گرد بھی میری نہ پاؤ گے تم آسانی سے

...... ☆ ......

○

ہر سمت کھلی ہے راہ تیری
لے جائے جدھر بھی چاہ تیری
دیکھا نہ گیا کسی جگہ تُو
آنکھیں ہیں مگر گواہ تیری
ہر رُخ سے کھڑے ہیں رُو بہ رُو ہم
آئینہ ہے بارگاہ تیری
چمکا کِیا آفتاب بن کر
ذرّے پہ رہی نگاہ تیری
آیا ہوں گزر کے جسم و جاں سے
مل جائے مجھے پناہ تیری
تعبیر اگر ہے رُوزِ روشن
تو خواب، شب سیاہ تیری

○

آگے آگے شر پھیلاتا جاتا ہوں
پیچھے پیچھے اپنی خیر مناتا ہوں
پتھر کی صورت بے حِس ہوجاتا ہوں
کیسی کیسی چوٹیں سہتا رہتا ہوں
آخر ابتک کیوں نہ تمھیں آیا مَیں نظر
جانے کہاں کہاں تو دیکھا جاتا ہوں
سانسوں کے آنے جانے سے لگتا ہے
اک پل جیتا ہوں تو اک پل مرتا ہوں
دریا، بالو،مُورم ڈھو کر لاتا ہے
میں اس کا سب مال اُڑا لے آتا ہوں
ابتو مَیں ہاتھوں میں پتھر لے کر بھی
آئینے کا سامنا کرتے ڈرتا ہوں

○

چاندنی پھیلی رہی جسم پہ چادر کی طرح　　میں پڑا سوتا رہا اپنے مقدر کی طرح
زندگی کرنے کے آداب بدل جاتے ہیں　　رہنا باہر مرا ہوتا نہیں اندر کی طرح
وار اُوچھے جہاں ہوتے ہوں وہاں چُپ رہیے　　صبر کرتا ہے حفاظت زرہ بکتر کی طرح
یہ نہیں ہے کہ وہ دستک نہیں دیتا جا کر　　اُس پہ کھلتا نہیں در کوئی مرے در کی طرح
تہہ بہ تہہ کھلتا چلا جاتا ہے کہ اندر اندر　　بھید قطرہ بھی چھپائے ہے سمندر کی طرح
ساقیٔ وقت کا پایا جو اشارہ راہیؔ　　لوگ شیشوں پہ برسنے لگے پتھر کی طرح

...... ☆ ......

○

وقت کے ہاتھ میں جب آخری لمحہ نہ بچا
آئینے رہ گئے لیکن کوئی چہرہ نہ بچا
بیکراں فاصلے طے کر کے جب آئیں کرنیں
پیاس کچھ اتنی زیادہ تھی کہ دریا نہ بچا
صادق آتی ہے ترے لطف و کرم پر یہ مثال
دامنِ بحر نچوڑا تھا کہ قطرہ نہ بچا
مہر نے جال شعاعوں کا سمیٹا جس وقت
جسم تو بچ گئے لیکن کوئی سایہ نہ بچا
بُوجھتے بُوجھتے لہروں کو ہوئی فتح نصیب
ٹوٹتے ٹوٹتے دریا کا کنارہ نہ بچا
ساقیٔ وقت! تری بزم سے اُٹھتا ہوں کہ اب
جامِ اَمروز میں اک قطرۂ فردا نہ بچا

☆

○

زمین چین سے نہ تھی، سکوں سے آسماں نہ تھا
کوئی نہ تھا یہاں وہاں کہ جس پہ میں گراں نہ تھا
ہر ایک شے عجیب آگ کی گرفت میں ملی
سُلگ رہی تھی دم بہ دم مگر کہیں دھواں نہ تھا
نکل گیا جو دھول جھونک کر ہماری آنکھ میں
غبار تھا ضرور، پَر غبارِ کارواں نہ تھا
یقین جب ہوا مجھے کہ پار میں نے کر لیا
تو یہ بھی ماننا پڑا کہ بحر، بے کراں نہ تھا
نجانے کتنے آستینِ وقت میں پلا کیے
ہوئی نہ پرورش مری کہ مَیں ضرر رَساں نہ تھا
محیط میری ذات تھی تمام کائنات پر
اگرچہ کائنات میں مرا پتہ نشاں نہ تھا

☆

لامکاں (۱۹۷۱ء)

○

اور گہرائی کا تھا اُن سے تقاضا میرا ہر کنارے سے رہا دُور سفینہ میرا
وقت سے ہاتھ بٹانے کے لیے کہتا ہوں ورنہ خالی نہیں ہونے کا خزانہ میرا
آنکھ ہی آنکھ پرندے کی نظر آتی ہے اب کہاں چوک کے جائے نشانہ میرا
ایک اک لفظ سے معنی کی کرن پھوٹتی ہے روشنی میں پڑھا جاتا ہے صحیفہ میرا
کم نہ تھا زور مرے عرضِ ہُنر میں راہیؔ پھر بھی دنیا میں بہت کم ہوا چرچا میرا

...... ☆ ......

اس سے بڑھ کر بھلا انعام مرا کیا ہوگا
اِس تماشے میں مگر کام مرا کیا ہوگا
جانے کب سے وہ مرے پھیر میں رہتا ہے یہاں
دیکھنا حشر تہہِ دام، مرا کیا ہوگا
بھولے بھٹکے ہوئے ہو جائیں یہیں پر آباد
ورنہ اس دشت میں پیغام مرا کیا ہوگا
کھینچ لایا وہ مجھے گوشۂ تنہائی میں
جانے اب حال سرِ عام مرا کیا ہوگا
پڑھ لیا جائے اسے جو کسی عینک کے بغیر
اتنا روشن تو بھلا نام مرا کیا ہوگا
وہی ہونا ہے جو اَوروں کا ہُوا ہے راہیؔ
اور اس راہ میں انجام مرا کیا ہوگا

○

مری گرفت میں ہے طائرِ خیا ل مرا
مگر اُڑائے لیے جا رہا ہے جال مرا
یقین اتنا نہیں میرا جتنا نبض کا ہے
مری زبان سے سنتا نہیں وہ حال مرا
کمال کی وہ عمارت مری ہوئی مسمار
کھنڈر کی شکل میں باقی رہا زوال مرا
فضا میں جھونک دے آندھی کے بعد پانی بھی
اُڑائی خاک تو اب خون بھی اچھال مرا
زبان اپنی بدلنے پہ کوئی راضی نہیں
وہی جواب ہے اس کا وہی سوال مرا
میں سر کیے ہوئے بیٹھا ہوں اک نئی چوٹی
کچھ اور فاصلے سے دیکھ اب کمال مرا

○

○

خاک تیرا نہیں، میرا جو زمانہ تھا کبھی رائج الوقت مرے نام کا سکّہ تھا کبھی
اس کے اَسرار کھلتے ہیں تو مرے ہوش ہیں گُم یہ جہاں میرے لیے کھیل تماشا تھا کبھی
ایسا لگتا ہے کہ پچھواڑے مرے آ پہنچے اتنا نزدیک سمندر تھا نہ صحرا تھا کبھی
اب تو مشکل ہے کسی گنتی میں آنا میرا جب کہ میں دونوں جہاں میں تنِ تنہا تھا کبھی
ڈیرے ساون میں جما لیتے تھے بادل آ کر ہفتوں ڈُوبھر مجھے سورج کا نظارہ تھا کبھی
ہاتھ پہ ہاتھ دھرے سُوچ رہا ہوں راہیؔ کیسا آسان مرا طور طریقہ تھا کبھی

...... ☆ ......

○

ہم خواب کی کیا صورتِ تعبیر نکالیں
لوگوں کو نظر آئے تو آنکھوں سے لگالیں
کچھ ٹھیک نہیں ہے کہ ہم اس اندھے سفر میں
سر کو کہاں رکھ دیں کہاں تلوار اُٹھالیں
تیشہ لیے تیار کھڑے ہیں کہ کسی دن
سمتوں کا تعیّن ہو تو ہم راہ نکالیں
یہ لوگ کہیں مَر نہ مٹیں سایے کے پیچھے
گرتی ہوئی دیوار کو ہم اپنی سنبھالیں
اس خطۂ احساس کے بارے میں نہ پوچھو
شعلہ سا لپک جائے جو ہم روشنی ڈالیں
ہُشیار سے پڑتا ہے خلل امن و اماں میں
دیوانہ کوئی آئے تو صحرا میں بسالیں

☆

○

نرالی شان، نئی آن بان سے نکلا
پہن کے ہار میں ہیرے کی کان سے نکلا
کہاں گئیں مرے قدموں کی آہٹیں آخر
کسی نے جھانکا نہ کوئی مکان سے نکلا
نہ کوئی حرف کہیں سے بھی آج تک آیا
نہ کوئی لفظ مری داستان سے نکلا
جُڑے ہوئے تھے وہ دیوار کی طرح باہم
میں راستے کی طرح درمیان سے نکلا
بَیان رٹا رٹانا مرا ہُوا بیکار
جو ٹھیک تھا وہی میری زبان سے نکلا
اکیلا پڑ گیا میدانِ شعر میں راہیؔ
بس ایک فرد یہی خاندان سے نکلا

☆

لاریب (۱۹۷۳ء)

''شہر ایسے بھی بس گئے ہیں''

ڈاکٹر منظور احمد دکنی
(کرناٹک، بھارت)

آزادیٔ ہند کے بعد جدیدیت کے رجحان نے اردو شعروسخن میں نئے امکانات پیدا کئے اور شاعروں نے جدید رویوں سے غزل کو نئے موضوعات سے ہم آہنگ کیا۔ سیاسی، معاشی اور سماجی تبدیلیوں کے سبب شعری تخلیقات میں نئی بصیرت وا ہونے لگی۔ اس عہد میں موضوعاتی تنوع نے غزل کی تنگ دامنی سے شکوہ کو دور کیا۔ اس کے علاوہ اسلوب اور لب ولہجہ میں بھی تبدیلیاں رونما ہونے لگیں۔ اس دور کے منظر نامہ میں کئی نامور شعراء جیسے بانی، شہریار، مغنی تبسم، ظفر اقبال، مشتاق احمد، مخمور سعیدی، مظفر حنفی، فضا ابن فیضی، محمود ایاز، حمید الیاس راہی قریشی، تنہا تماپوری وغیرہ ابھر آئے اس ہجوم سخن وراں میں راہی کا نام بھی نمایاں رہا اور بہت جلد وہ اپنی منفرد شناخت بنانے میں کامیاب ہوئے بقول ڈاکٹر وحید اختر:

> ''آزادی کے بعد غزل کا جو نشاۃ ثانیہ ہوا وہ لہجے اور محاورے کی تبدیلی کے بغیر ممکن نہیں تھا اس لیے کہ غزل کی زبان کی سو سال کے استعمال سے بے جان ہونے لگی تھی اور اس کے رموز وعلائم تخلیقی معنویت کھو رہے تھے آزادی کے بعد ہماری تہذیب جس بحران اور تشکیل نو کے مشکل ماحول سے گذر رہی ہے اس کے اظہار کے لیے ایک طرف اس صنف کا سہارا لینا ناگزیر تھا۔ جس کی رگ رگ میں اردو تہذیب کا عطر بسا ہوا ہے دوسری طرف اس کے اذکار رفتہ رموز وعلائم، استعارات واظہارات سے انحراف بھی ضروری تھا۔ جدید غزل گو اکتساب و انحراف کے اسی دو دھاری راستے سے گذر رہے ہیں۔ روایت سے انحراف کے باوجود قدیم اسالیب تک نئی جہتوں سے رسائی جدید اظہار کا ایک اہم وسیلہ ہے۔ اس پیچیدہ تخلیقی عمل کے نتیجہ میں جو غزل سامنے آئی غلام مرتضیٰ راہی کی شاعری اس کی ایک فکر انگیز مثال ہے۔''

غلام مرتضیٰ راہی نصف صدی سے شعروسخن کے زلف گیری کرتے آئے ہیں۔ اس دوران ان کے چھ مجموعہ ہائے جات، لامکاں (۱۹۷۱ء)، لاریب (۱۹۷۳ء)، حرف مکرر (۱۹۹۵ء)، لاکلام (۲۰۰۰ء)، لاشعور (۲۰۰۶ء) اور لاسخن (۲۰۱۲ء) کے علاوہ ان کی ایک کلیات، کلیات راہی (۲۰۱۲ء) شائع ہو چکا ہے۔ جس میں تمام مجموعہ ہائے کلام کو یکجا کیا گیا ہے۔

اردو شاعر نے ولی دکنی سے عصر حاضر تک فکری اور فنی اعتبار سے کئی چوٹیاں سر کی ہیں شعر کا معنیاتی نظام بھی تبدیلیوں سے دوچار رہا۔ ولی نے غزل کو جمالیاتی کیف وسرور بخشا تو میر نے آپ بیتی کو جگ بیتی بنانے کا فن دیا اور غالب نے غزل کی تنگ دامنی کو وسعت بے کراں میں تبدیل کیا۔ بعد کے ادوار میں غزل گویوں نے تقلید ہی میں اپنی آفیت سمجھی۔ تحریکات و رجحانات کے اثرات نے غزل کو صداقت، تنقید حیات اور نئے امکانی فکر کی راہیں روشن کرنے میں مدد دی۔ مختلف تحریکات و رجحانات اور کلاسیکی طرز سے راہی کی غزل گوئی میں فکری وسعت اور فنی پختگی پیدا ہوئی۔ خوب سے خوب تر راہی کا شعار رہا۔ اور شاعری میں اس بات کا خاص خیال بھی رکھا دراصل اس کے وہ اداشناس بھی نظر آئے۔

غلام مرتضیٰ راہی کی غزلیں حیات انسانی کا ایسا آئینہ ہیں جس میں انسان کے جذبات واحساسات کا عکس نظر آتا ہے۔ اور اس عکس میں فکر کی گہرائی، سماجی نقوش، محبت کی چاشنی اور جہد مسلسل کا پیغام ملتا ہے۔ اسی خوبصورت الفاظ اور اسلوب کی ندرت ولطافت سے قاری کا ذہن اس کی دلکشی و آرائش میں کھو جاتا ہے۔ بقول پروفیسر خلیل الرحمٰن اعظمی:

> ''اس طوفانِ بدمذاقی میں چند ہی ایسے شاعر ہیں جن کا چہرہ پہچانا جا سکتا ہے۔ غلام مرتضیٰ راہی اس اعتبار سے ہماری توجہ کے مستحق ہیں۔ انہوں نے اپنے ذاتی تجربے پر بھروسہ کیا ہے اسلوب کو اپنی فکر سے علیحدہ رکھنے کے بجائے ان کے صحیح امتزاج پر نظر رکھی ہے۔ راہی کی غزل میں ایک تہہ داری اور فکر کی دبازت ملتی ہے اور ان کے لہجے کی تازگی ان کے تخلیقی عمل کا فطری نتیجہ معلوم ہوتا ہے۔''

ان کی شاعری کسی فارمولے پر قائم نہیں بلکہ ان کی شاعری آفاقی مزاج و آہنگ کا نمونہ قرار پاتی ہے۔ غزل جس فنی حسن و آہنگ کی متقاضی ہے آرائش ونکھار کی محتاج ہے دلوں میں ارتعاش اور جذبات میں ترنم پیدا کرتی ہے اس کی مثالیں نایاب نہیں تو کم یاب ضرور ہیں۔ چند شعر ملاحظہ فرمایئے جس میں ان کی فکر اور اسلوب کی رعنائی پوری طرح جلوہ گر ہو جاتی ہے:

بنا ہے ممتحن اس جبر و اختیار کے ساتھ
نتیجہ رکھ کے میرا امتحان لیتا ہے

نہ کھینچ، دشت وجبل، بحروبر سے قدموں کو
یہ سب رکاوٹیں ہیں ان کو پار کرتا چل

آگے آگے چلتا ہے کوئی راہ دکھلاتا
آبلوں سے تلوؤں کے روشنی نکلتی ہے

کیسا انسان ترس رہا ہے جینے کو
کیسے ساحل پر اک مچھلی زندہ ہے

دریا کا سفر جا کے سمندر میں ہوا ختم
صحرا ہی نہیں راہ میں کہسار بھی آئے

غلام مرتضٰی راہی کی غزلیہ شاعری ان کے ادبی ذوق، دلی کیفیات و جذبات اور فکر وفن کی عکاس ہے۔ وہ فطری غزل گو ہیں۔ ان کی غزلیں کلاسیکی انداز اور جدید حسیت کی ہم آہنگی کی عمدہ مثال بھی ہیں۔ ان کی غزلوں میں عشق کا سوز وساز، جذبات کی تازگی، خیال کی رعنائی اور الفاظ کی چاشنی وغیرہ سے مملو ہے۔ طرز بیان کی سادگی اور شگفتگی کے علاوہ فنی بلند پروازی بھی ان کے کلام میں جلوہ گر ہے۔ ان کی غزلوں کے لب ولہجہ میں جدت پن اور آگہی آج کی معاشرتی زندگی سے در آئی ہے۔ آج کا جدید معاشرہ اختراعات، ایجادات، ہنگامہ خیزیوں سے عبارت ہے ان ہی ہنگامہ خیزیوں کے باعث راہی کچھ اس طرح کے شعر کہتے ہیں:

کیسی دنیا ہے سب ہوتے ہوئے
کچھ نہیں تیرے سوا میرے لیے

بحرِ موج زن کے بعد دشت بیکراں ہستی
بچ کہاں سے جائے گا کوئی پار جا کر بھی

رہ گیا تشنہ تعمیر، صنم خانہ مرا
کبھی آزر، کبھی تیشہ، کبھی پتھر نہ ملا

جو رکھا تھا زمیں پر مرا پہلا قدم تھا
پڑا ہے چاند پر جو مرا اگلا قدم ہے

جھلمل کرتے پانی کے پیچھے ہیں سب
لیکن صحرا میں کس کو سیرابی ہے

راہی کے یہاں ابتداء ہی سے جو نیا پن یا جدت در آئی ہے اسے کسی بھی خانے میں رکھا نہیں جانا چاہیے۔ مگر ایک بات کہی جاسکتی ہے کہ ان کے یہاں آپ بیتی میں جگ بیتی کا منظر پیش کرنے والی شاعری موجود ہے۔ ان کے یہاں جہاں جمالیاتی احساس کی کارفرمائی ہے وہیں عصری تصورات اور رویوں کی جلوہ نمائی بھی ہے۔ وہ اپنے جذبات واحساسات کو فکر وفن کے سانچے میں اس طرح پیش کرتے ہیں کہ غزل میں پیکر سازی کا عمل دکھائی دیتا ہے۔ پیکر تراشی یقیناً مشکل فن ہے بعض دفعہ ایسا بھی دیکھا گیا ہے کہ اچھے شاعر کو بھی اس عمل سے گزرنا دشوار نظر آتا ہے۔ اشعار میں پیکر تراشی کا نقش کچھ اس طرح پیش کرنا کہ شعر کا فطری آہنگ برقرار رہے اور ایک جمالیاتی احساس بھی قائم رہے۔ اس فطرت جمال کی تصویر کشی میں الفاظ استعارہ یا علامت بن کر معنوی تلازمہ کے سرحدوں میں داخل ہو جاتے ہیں اور شاعر کے مشاہدات اور تجربات کو اپنے صوتی آہنگ سے ایسی فضا قائم کرتے ہیں کہ قاری ان شعری تجربات میں ندرت اور لطف انبساط سے لطف حاصل کرتا ہے۔

جدید شاعری میں لفظی پیکروں کی اہمیت سے انکار نہیں کیا جاسکتا۔ جدید شاعری میں داخلی اور خارجی رویوں کو علامتوں میں پیش کیا جاتا ہے اور ان رویوں میں شعر کی معنوی ترسیل کے امکانات اور کمالات دونوں پائے جاتے ہیں۔ داخلیت کے رویے میں شاعر خاص علائم پیش کرتا ہے اور داخلی تجربات کو خارجی حقائق کا عکس اور اس کا اظہار خارجی حوالوں سے کرتا ہے۔ دوسرے رویہ شعر کی معنوی ترسیل کا قوی امکان رہتا ہے۔ اور یہ رویہ اردو غزل کی کلاسیکی روایت سے قریب نظر آتا ہے۔ راہی کی غزل میں یہ رویے مثبت انداز میں پائے جاتے ہیں۔ اس حوالے سے ان کی غزل کلاسیکی غزل کی روایت سے جڑ جاتی ہیں۔ کوئی بھی شاعر کتنا بھی جدید ہو اس کا تعلق کسی طرح سے بھی کلاسیکی روایت سے جڑا رہتا ہے بلکہ وہ اپنی روایت سے استفادہ کرتے ہوئے نئی راہوں کی طرف گامزن ہوسکتا ہے۔ راہی کی شاعری استعاراتی اظہار سے مناسبت کے باوجود تشبیہ سے انحراف نہیں کرتی بلکہ اس سے پیکر سازی کا عمل جاری رہتا ہے:

چاندنی پھیلی رہی جسم پر چادر کی طرح
میں پڑا سویا کیا اپنے مقدر کی طرح

کہنے سننے کا عجب دونوں طرف جوش رہا
شہر کی باتوں میں صحرا ہمہ تن گوش رہا

اتر کے رہ گیا ہو جیسے کوئی خنجر سا
کھڑا ہے دشت کے پہلو میں اک شجر ایسا

ہر خطرناک تجربے کے لیے
اک سمندر ہے دوسرا صحرا

لو اب چاند ستاروں میں بھی نکل آئے
یہ آئینوں میں کہاں سے سما گئے پتھر

وہ گل کھلائے اس نے مرے دشت زار میں
باغ و بہار بھی نہیں آتے شمار میں

چھت پہ بدلی جھکی سی رہتی ہے
کب سے بارش تھمی سی رہتی ہے
ستارے چاند سورج کہہ رہے ہیں
چلے آؤ جہاں تک روشنی ہے

نہ تھا بوئے گُل کو چمن سے فرار
یہاں تک مری پاسبانی رہی

راہی کا تخلیقی عمل آزاد، غیر رسمی اور منفرد ہے اور اس انفرادیت کے کئی زاویے بھی ہیں لیکن ان کی شناخت ان کی پیکروں کے تنوع میں نمایاں ہے اور اسی میں ان کی شخصیت اور شعور حیات کے پنہاں گوشوں کے عکوس بھی دکھائے دیتے ہیں۔ ان کے کلام کا جب ہم تاریخی لحاظ سے جائزہ لیتے ہیں تو یہ معلوم ہوتا ہے کہ ان کے اشعار میں کچھ مخصوص پیکر اس طرح بار بار استعمال میں آئے ہیں کہ جیسے وہ ان کے پسندیدہ الفاظ اور علامتیں ہوں۔ مخصوص جذبہ، جذباتی حالات اور جذباتی کیفیات کی ترسیل کے لیے ان سے روشناس ہوتے ہیں اور ان کا استعمال وہ بڑے سلیقے اور قرینے سے کرتے ہیں۔ یہاں تک کہ ہم ان کے کلام کے حسن وغنائیت میں کھو جاتے ہیں مثلاً ان کے یہاں آئینہ کا پیکر نمایاں ہوتا ہے اور لگتا ہے کہ شاعر کا آئینہ سے گہرا تعلق ہے اور اس آئینہ کے جلو میں بے شمار صورتیں پنہاں ہیں جس کا راست تعلق زندگی سے ہے اور یہ آئینہ خارجی مسائل کے لیے شاعر کی داخلی اور رومان انگیز فضا سے انگیز ہوتا ہے: اس سلسلہ میں ڈاکٹر سید امین اشرف رقم طراز ہیں:

''غلام مرتضیٰ راہی کے مجموعہ کلام کے آئینہ خانہ میں کلیدی الفاظ آئینہ یقیناً قابل توجہ ہے جس کو شاعرانہ چابک دستی کے ساتھ مختلف استعاراتی پیکروں میں تراشا گیا ہے۔ زندگی کے مختلف النوع داخلی اور خارجی تجربات کی عکاسی اسی آئینہ کو استعارہ بنا کر فن کارانہ جودت کے ساتھ کی گئی ہے''۔

اس ضمن میں چند مثالیں پیش کی جا رہی ہیں:

جس کے لیے دنیا کو آئینہ بنا ڈالا
بیزار ہے جانے کیوں وہ اپنی ہی صورت سے

اس اعتماد سے مت دیکھ آئینے کی طرف
بجائے خود ہے رخ آگہی فریب کمال

آئینہ ہوں میں ترا میرا کیا
سامنے آ کہ نہ آ میرا کیا

محو ہو جاتے ہو اپنی دید میں
آئینہ کا دھیان بھی رکھا کرو

حجابات سے خود کو دیکھا کیا وہ
رہا آئینوں میں سرِعام روشن

صورتیں ہے تکان تکتے ہوئے
آئینے عکس سے درکتے ہوئے

کچھ ایسے دیکھتا ہے وہ مجھے کہ لگتا ہے
دکھا رہا ہے مجھے میرا آئینہ کچھ اور

خود کو کبھی آئینے میں دیکھا بھی نہیں تھا
جب دیکھنا چاہا تو وہ چہرہ بھی نہیں تھا

اپنی صورت کو بہت ترسا ہوں میں
مدتوں کے بعد آئینہ بنا

چہرہ دونوں میں ایک سا دیکھوں
سنگ دیکھوں کہ آئینہ دیکھوں

مذکورہ بالا اشعار میں آئینہ کی اپنی حقیقت ہے اور اس کے مختلف عکس بھی نمایاں ہوتے ہیں جو زندگی کے مختلف پہلوؤں کی نشاندہی کرتے ہیں۔ ان کے یہاں غزل میں حسن رکھنے والے بھی پیکر ملتے ہیں۔ مگر ایسے پیکر جو بار بار ان کے یہاں استعمال ہوتے ہیں اور اپنی رمز وایما سے معنوی نظام کے دائرے بناتے ہیں اور قاری ان سے متاثر ہوئے بغیر نہیں رہتا۔ لفظی پیکروں میں آئینہ کے علاوہ سمندر، پتھر، دیوار، دریا، صحرا، گھر، شہر، چراغ، چمن، رات، دشت وغیرہ شامل ہیں جو بظاہر عام الفاظ معلوم ہوتے ہیں مگر اس میں تہہ داری ہوتی ہے اور اس تہہ داری میں زندگی کی متحرک تصویریں نمایاں ہونے لگتی ہیں یہی ان کے کلام کی خاص خوبی ہے جو دیگر غزل گو کے مقابلہ میں انہیں منفرد مقام کی حامل بناتی ہے:

سکھا دیا مجھے دریا نے حوصلہ رکھنا
پڑے گا مجھ کو سمندر سے واسطہ رکھنا

مجھ پہ گزرا زمانہ پتھر کا
آئینہ تھا میں، چور چور رہا

سمجھو کہ قیام ہے سفر میں
دنیا ہے سرائے، گھر نہیں ہے

کوئی شب دھوپ کی سی کیفیت
کوئی دن چاندنی سی رہتی ہے

جڑوں کو بھی جن کی نہ چھوڑا گیا
یقیناً وہ ہوں گے شجر اور ہی

میں نے رکھا قدم تو آخر تک
آگے پیچھے مرے رہا صحرا

شہر ایسے بھی بس گئے ہیں جہاں
چاند تارے ہیں اور رات نہیں

جب دھوپ میں فصل پک رہی تھی
ہر آنکھ چمک دمک رہی تھی

آتا تھا جس کو دیکھ کے تصویر کا خیال
اب تو وہ کیل بھی مری دیوار میں نہیں

عبارتِ مختصر راہی جدید غزل کا وہ نام ہے جو غزل کے نئے سفر کے ساتھ شروع ہوا ہے۔ جدید غزل نے ہر لحاظ سے حیات انگیز اور نوعیتوں کے ارتقائی منزلیں بھی طے کی ہیں فکری وفنی اساس پر بھی مسلسل نکھرتی رہی ہے۔ نئے چراغ روشن ہوئے تو تہذیبی فضا ہر انداز سے سنورتی رہی۔ نئے پیرائے اظہار میں تشبیہات واستعارات نے بھی نیا رنگ اور مزاج ومعیار پایا۔ جس کی وجہ سے عصر حاضر کی حسی وادراکی جولانیوں کی آسودگی عطا ہوئی اور اسلوب وطرز ادا سے نئی روش اختیار کی گئی۔ رمز وایما نے فکروفن اور فکرونظر کی وسعتوں اور گہرائیوں کو سمیٹ کر جامعیت کا وقار پایا۔ اس طرح مجموعی اعتبار سے غزل نے ذہن ودل کو چھونے والی بات کہنے کا وہ قرینہ اور سلیقہ بھی پایا جس کو کسی بھی کسوٹی پر جدید غزل کو رکھا جاسکتا ہے۔ اس لحاظ سے روشن روایات کے ساتھ ساتھ نئے طرز اظہار نئے برگ وبار لائے، جس کی بنا پر جدید غزل میں راہیؔ کو خاص مقام دینا حق بقدر ارسید کے مصداق ہوگا۔

(نذرِ غالبؔ)

غلام مرتضیٰ راہیؔ

پردے تکلفات کے سب چاک ہوگئے
ہم آئینہ بنے تو وہ بے باک ہوگئے

اُٹھ اُٹھ کے چُوم لیتے ہیں سرتاقدم جنہیں
ہم ان کی راہ دیکھنے میں خاک ہو گئے

آنکھوں میں اتنے اشکِ ندامت کیے بہم
سارے گناہ دھل گئے ہم پاک ہوگئے

دردر کی خاک چھاننے سے یہ ہُوا کہ ہم
اہلِ جنوں سے صاحبِ ادراک ہو گئے

طوفاں نے یہ نہ سوچا کہ ساحل نشیں ہیں ہم
پانی میں کھیل کھیل کے تیراک ہو گئے

جُھوما کیے بہار میں سبزہ بنے ہوئے
آئی خزاں تو ہم خس و خاشاک ہوگئے

ہم ہو چکے تھے ریڈیو سن کے ہوشیار
وہ ٹی۔وی۔ دیکھ دیکھ کے چالاک ہوگئے

''سایہ مرے درخت کا''

سید یحییٰ نشیط
(بھارت)

NCERT دہلی کے مہمان خانے میں ایک میٹنگ کے سلسلے سے میرا قیام تھا۔ان ہی دنوں دلی اردو اکیڈمی کی جانب سے ''معاصر غزل'' پر ایک سیمینار ہونے جا رہا تھا۔ سیمینار میں تشریف لائے علی گڑھ کے ایک پروفیسر دیوان خانے میں میرے ساتھ ٹھہرے ہوئے تھے اور اکیڈمی کے سیمینار میں انھیں ایک مقالہ پڑھنا تھا۔اپنے مقالے پر تبادلہ خیال کرتے ہوئے انھوں نے یو۔ پی۔ کے دس معروف غزل گوشعراء کی فہرست بنائی جو نامکمل تھی۔ وہ بار بار اپنے ذہن پر زور دے رہے تھے۔ میں نے ان کی بے چینی کو محسوس کرتے ہوئے غلام مرتضیٰ راہی کا نام یاد دلایا تو ہو چونکے اور کہنے لگے ''نشیط صاحب، اگر سہواً بھی یہ نام چھوٹ جاتا تو میرا مقالہ ادھورا رہ جاتا''۔اس کے بعد انھوں نے شہریار کے بعد راہی کا نام شامل کرلیا۔ راہی اور کلامِ راہی کی توقیر کا یہ بین ثبوت ہے، جس پر مجھے مسرت ہوئی اور رشک بھی آیا۔ میں سمجھتا ہوں کہ فی زمانہ حلقہ بردار ناقدین کی مدحت طرازی کے پائے چوبیں کے سہارے اپنے بونے قد کو نمایاں کرنے کا جو وتیرہ اپنانے کا عام چلن ہوتا جارہا ہے، راہی کی نام آوری اور شہرت میں اس وتیرے کا مطلق دخل نہیں ہے۔ راہی نے خود اپنے کلام کی بدولت معاصر شعراء میں منفرد وممتاز مقام بنایا ہے۔

غزل کی فطرت شور وغوغا کی متحمل نہیں، سکون وسکوت اس کے مزاج کا لازمہ ہے۔قطرۂ سیماب کی طرح اضطرار اس کی خُو میں داخل نہیں،قطرۂ نیساں سے بننے والے گہر آبدار کا سا استقرار ہے۔ معنوی عمق، بلندی خیال اور رفعت مضامین سے غزل کے اشعار ترتیب پاتے ہیں۔ حدّت والتہاب جیسی کیفیات بیان کرنے والے موضوعات بھی غزل کے پیکر میں ڈھل کر خشک ہو جاتے ہیں۔ان کی صلاحیت وسختی موم بن جاتی ہے، جلال، جمال میں تبدیل ہو جاتا ہے،غزل کی یہ تمام خوبیاں غلام مرتضیٰ راہی کے تغزل کا بیش بہا اثاثہ ہیں۔ ۱۹۶۰ء کے بعد ابھرنے والے اس شاعر نے غزل کی جدیدیت پسندی کو قدیم روایتوں سے منحرف نہیں ہونے دیا اور غزل کے حسن قرطاس میں قدیم وجدید رنگوں کی ایسی آمیزش کی کہ ان کا تغزل گویا قوسِ قزح بن کر دمکنے لگا۔ راہی بخوبی جانتے ہیں کہ ادباء وشعراء اپنے قدیم ادبی اثاثے کی حدود میں محصور نہیں رہ سکتے مگر اسے نظر انداز بھی نہیں کرسکتے۔ وہ عصری تجربات کی اہمیت کو تسلیم کرتے ہیں لیکن اس پر یقین رکھتے ہیں کہ کلاسیکی روایتوں سے قطع تعلق کر کے جدید ادب کی عمارت کھڑی نہیں کی جاسکتی۔ راہی کا یہ ایقان ان کے اوّلین مجموعہ کلام ''لامکاں'' سے حالیہ مجموعے ''لاسخن'' تک یکساں ارتفع پذیر رہا ہے۔یقین کی یہ ہمواریت ہی غلام مرتضیٰ راہی کا فنی کمال ہے۔ان کے یہاں شروع ہی سے گویا قدامت اور جدیدیت کے ڈانڈے ملے ہوئے دکھائی دیتے ہیں،لیکن خیالات کی روانی کے یہاں وقت کی تابع نظر آتی ہے۔''لاکلام'' میں جس خیال کو انھوں نے شعری پیکر عطا کیا تھا ''لاشعور'' اور ''لاسخن'' میں اس کی بلندی میں اضافہ ہوتا ہوا دکھائی دیتا ہے۔ذیل کی مثالیں ملاحظہ ہوں:

نہیں جس سے سایے کی اُمید کوئی
وہ پودا برابر بڑا ہو رہا ہے
(لاکلام)

تم کو ہے سایۂ دیوار کی عجلت لوگو
اتنی جلدی مرا سورج کبھی ڈھلنے کا نہیں
(لاشعور)

''لاسخن'' تک پہنچتے پہنچتے راہی کے اسی خیال کی رفعت، چھتنار درخت کا روپ اختیار کرلیتی ہے:

سایہ مرے درخت کا اتنا گھنا ہوا
سورج کے واسطے ہے معمہ بنا ہوا
(لاسخن)

''لاسخن'' میں یہی خیال عوامی شکست خوردگی، ناامیدی اور یاسیت کا اعلامیہ بن کر بھی نمودار ہوتا ہے:

چڑھتے سورج کی طرف کوئی نہیں دیکھ رہا
سب سمجھتے ہیں کہ دیوار میں سایہ ہی نہیں
(لاسخن)

ان مثالوں سے واضح ہوتا ہے کہ راہی کا اسپ تخیل گردش لیل ونہار سے پیدا ہونے والے حالات کے زیر اثر اپنا رخ بدلتا رہتا ہے۔ زمانے کی سنگینی، حالات کی پیچیدگی اور انتظامیہ وعدلیہ کی بے حسی کی چکّی میں پسے جارہے عام انسان کی بے چارگی اور شکست خوردگی کی بدلتی نفسیات کی تصویر کشی ان اشعار میں علامتی انداز سے کی گئی ہے۔ ''دیوار'' راہی کے یہاں غیر یقینی اور جز وقتی سہارے کی علامت ہے۔ شاعری میں ''مضمون ہائے رنگارنگ'' اور ایک مضمون کو سو طرح سے باندھنے کے دعوے غالب اور انیس جیسے استادانِ سخن نے تو کیے ہیں، لیکن ایک ''لفظ'' کو سو طرح سے باندھنے کا اردو شعر وادب میں کسی نے دعویٰ نہیں کیا۔ غلام مرتضیٰ راہی نے بھی اگرچہ ایسا کوئی دعویٰ نہیں کیا، لیکن ان کی شاعری میں ایک لفظ ''دیوار'' کو سو طرح سے باندھنے کی مثال مل جاتی ہے وہ بھی اس انداز سے کہ اس پامال لفظ سے شعری حسن نکھر آیا ہے اور لفظ کی معنوی

خوبی دوچند ہوئی ہے۔ مثال کے طور پر یہ چند اشعار ملاحظہ فرمائیں۔

آتا تھا جس کو دیکھ کے تصویر کا خیال　　اب تو وہ کیل بھی مری دیوار میں نہیں
پہلے دیوار میں چنوا دیا مالک نے مجھے　　پھر عمارت کو مرے نام سے موسوم کیا
ہم نے کیں ایسی بھی دیواریں کھڑی　　جن کو لے کر دوسروں کے گھر بنے
یاروں نے میری راہ میں دیوار کھینچ کر　　مشہور کر دیا کہ مجھے سایہ چاہیے
کہل سے ہو مری اک مشتِ خاک سے تعمیر　　بہت ہے اس سے، جو دیوار بھی اٹھاتے بنے
پھینکنے والوں نے پہچان نہ جانی ان کی　　جڑ گئے ہیں مری دیوار میں پتھر کیا کیا
اگر کہیں کوئی دیوار سامنے آئی　　بلند ہوگیا پانی کا حوصلہ کچھ اور
وہی دیوار تھی میری وہی در تھا میرا　　ہر تغیر میں وہیں کا وہیں گھر تھا میرا
جو ہم نے رخنہ دیوار چھوڑ رکھا تھا　　نظر اس سے وہ صورت کبھی کبھی آئی
کھڑی ہوئی ہے بڑے صبر سے مری دیوار　　غمِ شکستگیِ بام و در اٹھائے ہوئے
آتے رہے جو پھاند کے ان کا بیان ہے　　دیوار میں ہماری کبھی در نہیں رہا
اَنا کو کر لیا دیوار کی طرح حائل　　پھر اس کے دونوں طرف دونوں بیقرار ملے
کہیں دیوار کو کھولا کہیں در باز کیے　　تب کہیں روشنی گھر آنے کو تیار ہوئی
میں تصویر بن کر اسُے دیکھتا ہوں　　جو دیوار میں کیل خالی گڑی ہے

غلام مرتضیٰ راہیؔ نے غزل کے نرم و نازک آنچل میں سبک و شیریں لفظیات کے موتی ٹانکے ہیں۔ باؔقی کے بعد غزل کی لفظیات سازی میں اور تشبیہات و استعارات کی تخلیق کرنے میں راہیؔ کی خدمات اہم بھی ہیں اور مبتدئین کے لیے مشعل راہ بھی۔ ان کی نادرہ کاری اور تازہ کاری غزل کی معنویت اور تغزل کے حسن میں اضافہ کرتی ہیں۔ امرِ تعجب یہ ہے کہ نادرہ کاری کا یہ فن تفہیم غزل میں معاونت کرتا ہے، دشواری پیدا نہیں کرتا۔

راہیؔ عصری تناظر میں پیش آنے والے کھردرے حقائق کو غزل میں پیش کرنے کے لیے نئی لفظیات کچھ اس طرح استعمال کرتے ہیں کہ متانتِ شعری اور حسنِ غزل مجروح نہیں ہوتے۔ کانٹے سے کانٹا نکالنے، شہری اور بیابانی کا اپنی اپنی حد میں رہنا، چڑھتا سورج، ہوا کا چنگاری لے آنا، دریا کا کوزے تک آتے آتے کثیف ہو جانا وغیرہ ایسے موضوعات ہیں، غزل میں جن کی توضیح نہایت دشوار ہے لیکن راہیؔ نے ان جیسے خشک مضامین کو بھی غزل کے حسن میں ڈھالا ہے۔ دشت و سراب جیسے پامال موضوع کو دیکھیے راہیؔ نے حالیہ تناظر میں کتنا معنی خیز بنا دیا ہے، اس پر طرّہ ان کے طنز کی کاٹ!!

رکھتا نہیں ہے دشت سروکار آب سے
بہلائے جاتے ہیں یہاں پیاسے سراب سے

سب ایک موڑ تک آئے مرے تعاقب میں
اور اس کے بعد مجھنے لگے سراب مجھے

غلام مرتضیٰ راہیؔ کے کلام میں پائی جانے والی ضمیر ''مَیں'' واحد متکلم کی توضیح کرتے ہوئے علیم صبا نویدی نے شاعر کی ذات سے اسے تعبیر کیا ہے، جب کہ ڈاکٹر رونق شہری نے اس ''مَیں'' کو پوری کائنات پر منطبق کیا ہے۔ دراصل راہیؔ کا ''مَیں'' ان کی اپنی ذات نہیں بلکہ آدمی کی ذات ہے۔ اس کا انطباق ساری دنیا میں پھیلی ہوئی آدمیت پر ہوتا ہے:

بات بڑھتی گئی آگے مری نادانی سے
کتنا ارزاں ہوا میں اپنی فراوانی سے

حصارِ جسم مرا توڑ پھوڑ ڈالے گا
ضرور کوئی مجھے قید سے چھڑا لے گا

بھائی کا خون بھی پی سکتا ہوں
ہے کوئی میرے برابر پیاسا

چھت لے کے مجھے بیٹھ بھی سکتی ہے کسی دن
میں جس کی اماں میں ہوں وہ سفاک بہت ہے

میں ترے واسطے آئینہ تھا
اپنی صورت کو ترس، اب کیا ہے

ملا سکتا ہوں سورج سے نگاہیں
ہزار اس نے مجھے ذرّہ بنایا

وقت کے ذہن میں شاید مرا خاکہ ہی نہیں
اک خلا ہوں کہ تعین مرا ہوتا ہی نہیں

غلام مرتضیٰ راہیؔ کے یہاں سہل زبان و تراکیب کا استعمال ضرور ہوا ہے مگر انھوں نے آسان لفظیات کے سہارے وسعتِ معنی میں اضافہ کیا ہے۔ ''معنی آفرینی'' کا فن ان کے یہاں کمال کو پہنچا ہوا ہے۔ سہل انگاری اور آسان لفظیات کے استعمال سے معنوی ابعاد قائم کرنا اور اپنے قارئین کو اشعار کے تئیں غور و فکر کے لیے مستعد کر دینا، معاصر شعراء میں راہیؔ کے یہاں، آپ اس ہنر کو مستحسن و معتبر پائیں گے، اس ضمن میں ذیل کے شعر ملاحظہ فرمائیں:

اُس کے آکاش کو تکتے رہے پانی کے لیے
اپنے پاتال میں ہم نے کبھی جھانکا ہی نہیں

شمار کرنے میں تاخیر ہوگئی ہم سے
کروڑوں سال میں اکیسویں صدی آئی

دباؤ اتنا بڑھا کائنات پر میرا
جو راز اس نے چھپا رکھے تھے اُگلنے لگی

اب کہیں بھی نہیں نشیب و فراز
راستہ اتنا پائمال ہوا

ان اشعار میں شمار کرنے لائق ایک بھی ایسا لفظ نہیں جس کے معنی تلاش کرنے کے لیے لغت وغیرہ سے رجوع کیا جا سکے، لیکن معنوی تہہ داری اور مفاہیم کی وسعت کی پرتیں قاری اپنے ذہن رسا کے مطابق کھولتا چلا جاتا ہے۔

راہیؔ بعض اوقات بڑے سہل انداز میں ایسے اشعار برملا اور بے ساختہ کہہ دیتے ہیں جن کے معنی قارئین کو چونکا دیتے ہیں۔ محولہ بالا اشعار میں راہی نہایت سلیقے سے اپنے قارئین کو چونکا دیتے ہیں۔ راہی کی غزلوں میں عصری حسیت کی فراوانی ہے۔ خارجی واقعات سے متاثر ہو کر پیدا ہونے والی داخلی کیفیات کو انھوں نے متغزلانہ انداز میں پیش کیا ہے۔ یہی وجہ ہے عصری انتشار واضطراب اور بے چینی و بے کیفی کا کھردرا پن فکر کی ملاحت، تخیل کی نرمی اور الفاظ کی سب شیرینی میں تحلیل ہو کر رہ گیا ہے۔

یاس وناامیدی کے تناسب میں راہیؔ کے یہاں رجائی رجحان معاصر شعراء کے بالمقابل کچھ زیادہ ہی دکھائی دیتا ہے۔ یاس وناس کی جگہ ان کے یہاں آس و امید کی فراوانی ہے۔ وہ تخریب میں تعمیر کا پہلو تلاش کر لیتے ہیں۔ منفی افکار کے مثبت پہلوؤں کو اشعار میں ڈھالنے کا ہنر انہیں خوب آتا ہے۔ اس وتیرے سے وہ شعر کا قنوطی تاثر ختم کر دیتے ہیں:

میری کشتی کو ڈبو کر چین سے بیٹھے نہ تو
اے مرے دریا ہمیشہ تجھ میں طغیانی رہے

پہلے چنگاری اُڑا لائی ہوا
لے کے اب راکھ اُڑی جاتی ہے

مجھ سے مایوس ہونے والوں نے
خاک کچھ سرسری مری چھانی

اب اور دیر نہ کر حشر برپا کرنے میں
مری نظر ترے دیدار کو ترستی ہے

راہیؔ انسانیت کے پرستار، تہذیب و اقدار کے امین اور اخلاقی روایتوں کے پاسدار ہیں۔ غزل میں انھوں نے ان تعمیری روایتوں کو التزاماً پیش کیا ہے۔ شخصیت سازی اور اخلاق کی تعمیر میں ان موضوعات کے حامل اشعار ممد ومعاون ثابت ہوتے ہیں۔ ان کے یہاں ایسے اشعار عملِ خیر کے محرک بنتے ہیں مگر ان میں نہ تو ناصحانہ انداز ہوتا ہے وہ واعظانہ طمطراق کہ جن سے شعریت مجروح ہوتی ہے۔ آدمیت کو زندہ رکھنے اور انسانیت کو پروان چڑھانے والی قدروں کو غزل کے پیرائے میں وہ اس طرح بیان کرتے ہیں کہ شعریت اور موعظت یک جان ہو جاتے ہیں۔

راہی کے یہاں صنائع لفظی ومعنوی کا اتنا وافر استعمال ہوا ہے کہ محمد ادریس رضوی (ایم۔اے) نے ''کلام راہیؔ اور صنائع و بدائع'' کے نام سے ایک کتاب ہی تصنیف کر ڈالی، اس لیے یہاں اب دوبارہ ان کے کلام میں صنائع وبدائع کی تلاش محض وقت کا ضیاع ہے۔

غلام مرتضیٰ راہیؔ کے ہم عصر جدید غزل گو شعراء میں باؔنی، زیبؔ غوری، سلطان اختؔر، مدحت الاختؔر، مخمؔور سعیدی، شہریار، مصور سبزواری، مظفؔر حنفی، ظفر اقبال، پرکاش فکرؔی، فضا ابن فیضی وغیرہ ایسے نام ہیں جن کی اپنی علاحدہ شناخت، مقام و مرتبہ ہے، لیکن یہ سلسلہ راہیؔ کے بغیر مکمل نہیں ہوتا۔ ان شعراء کی آواز میں اپنی علاحدہ شناخت راہی نے جدیدیت میں بھی جدت اختراع کے ذریعے قائم کی اور غزل کو نئی سمت وآفاق سے آشنا کیا۔ راہی نے نئی غزل کے لیے بعض ایسے اوزان میں کامیاب طبع آزمائی کی جو اردو غزل کی روایت میں یا تو نئے تھے یا شاذ ہی ان کا استعمال ہوا تھا۔

معاصر شعراء میں غلام مرتضیٰ راہیؔ کا لہجہ اور اسلوب کئی معنوں میں سب سے الگ ہے۔ جدید شعراء میں اس انفرادیت واختلاف کی وجہ سے ان کی آواز بآسانی پہچانی جا سکتی ہے۔ ان کا کلام ان کی صحت فکر اور شاعرانہ مرتبے کی خود گواہی دیتا ہے۔ شاید یہ ہی سبب ہے کہ وہ تشہیر وابلاغ کی بے ساکھیوں کا سہارا نہیں لیتے، اپنی انتہائی فطری انکساری اور غیر مصنوعانہ رکھ رکھاؤ کے ساتھ وہ غزل کی مشاطگی کر رہے ہیں۔

”غنچہ ساختی“

صفوت علی صفوت

(یو۔ایس۔اے)

جناب غلام مرتضیٰ راہی صاحب سے ہماری پہلی ملاقات لکھنؤ میں تقریباً بارہ برس پہلے ہوئی۔ اس سے قبل اُنکا تذکرہ نیویارک کی ایک محفل میں قبلہ مامون ایمن صاحب نے کیا تھا۔ شاید ان کی کتاب ”لاکلام“ کا ایک نسخہ اُنہیں موصول ہوا تھا اور بات شمس الرحمٰن فاروقی صاحب کے لکھے ہوئے پیش لفظ کی ہو رہی تھی۔ مجھے بھی تجسس ہوا اور یوں خط کتابت کا آغاز ہوا۔ پھر لکھنؤ کی ملاقات کی بعد یہ تعلقات بڑھتے چلے گئے۔

بعد ازاں جب ۲۰۰۶ء میں انہوں نے اپنی کتاب ”لاشعور“ کا انتساب راقم کے نام کیا تو واپسی کے سب دروازے بند ہو گئے۔ انہوں نے میرے لیے فارسی کے الفاظ استعمال کیے۔

”تو غنچہ ساختی اوراقِ بادبُردہ من“

اس فارسی جملے کے جواب میں راقم نے اردو کا ایک قطعہ تحریر کیا جو بعد میں میری کتاب ”سوادِ حور“ میں چھپا۔

غلام مرتضیٰ راہی سے لو لگائی ہے
یہ دوستی ہی رہی جب بھی آزمائی ہے
ہے ایک تار کہیں ”لاشعور“ میں صفوت
یہ راگنی میرے دل میں تُرت سمائی ہے

تعلقات میں خلوص بڑھتا چلا گیا۔ حال ہی میں اُنہوں نے اپنی تمام کتابوں یعنی ”لامکاں“، ”لاریب“، ”حرف مکرّر“، ”لاکلام“، ”لاشعور“ اور ”لاسخن“ پر ترتیب کیے گئے ”کلیات راہی“ کا انتساب بھی میرے نام کر ڈالا۔ اور نہلے پر دہلا یہ کہ اس بار فارسی کے ایک جملے کی بجائے بابا فغانی کے شعر سے کیا۔

یک چراغ است دریں خانہ کہ از پرتو آں
ہر کجامی نگرم انجمن ساختہ اند

مجھے جب کلیات راہی موصول ہوئی تو میری شعریت میں ایک لہر سی آئی اور میں نے عہد کیا اس کا جواب فارسی میں دینا ضروری ہے۔ ”چہارسو“ کی وساطت سے آج پہلی بار میں انکشاف کرتا ہوں کہ کبھی کبھار اُردو کے نامور شاعروں (غالبؔ و اقبالؔ وغیرہ) کی پیروی میں یہ روایت قائم رکھے ہوئے ہوں اور ایک آدھ شعر فارسی میں بھی کہہ لیتا ہوں۔ اگر زندگی رہی تو یہ کام بھی کبھی شائع ہوگا۔ لہٰذا کلیات راہی کے موصول ہوتے ہیں ایک فارسی غزل لکھی۔ آپ کے لیے یعنی ”چہارسو“ کے قارئین کے لیے حاضر ہے۔

چہ مکانِ چند لامکاں چہ مثنویٔ ہستند
دورِ راہی عشقِ راہی رہنمائے مستند

لائی المکنون و مرجاں، حور و غلماں مسترد
ماپسِ دُنیائے می رم نان سنگِ خستند

چہ ہمالہ چہ اولمپس رفعتِ قطوردی
قصرِ شیریں قصرِ لیلیٰ ہر فصیلِ جستند

سیر و ہجرت کوکبِ بہرام، ایصال و ثواب
بر مزارِ یک مہاجر نورِ صبح بستند

بعد از دیگر قصّۂ فرعونِ وقت
یعنی امریکی ولایت اصلِ راہ بستند

بُش کہ اوباما پرستی جنگِ افغان و عراق
ساحلِ کیو با دُعائے صفوتؔ جاں رستند

اب آگے چلتے ہیں کلیات راہی کی جانب۔ حقیقت یہ کہ غلام مرتضیٰ راہی اُن چند شعراء میں ہیں کہ جن کے کلام پر اُنکی زندگی ہی میں ریسرچ کی جا رہی ہے۔ لوگ اُن پر Ph.D کر رہے ہیں۔ خود پروفیسر وہاب اشرفی صاحب اس کے شاہد ہیں۔ شمس الرحمٰن فاروقی اُن کے کلام کی داد دے چکے ہیں شائد ہی کوئی نقد و نظر اور تنقید نگار ہو جس نے اُن کے کلام پر توجہ نہ کی ہو۔ لہٰذا میرے لکھنے یا نہ لکھنے سے صرف ایک ہی بات مقصود ہو سکتی ہے۔ اگر میں لکھتا ہوں تو میری ہی شہرت ہوتی ہے۔ ”لامکاں“ میں لکھتے ہیں۔

عجب نہیں کہ بلندی سے جو گراتا ہو
سہارا دینے مجھے خود اُتر کے آتا ہو

لامکاں کے اس شعر پر کتاب لکھی جا سکتی ہے۔ صرف ایک پہلو پر نظر ڈالیے کہ ایک بچہ یتیم و یسیر ہو جاتا ہے۔ ابھی دنیا میں آتا ہے اور چند روز پیشتر گھر میں ہر چیز ہوتی ہے۔ اور چند روز بعد کچھ نہیں۔ پھر وہی بچہ ہمارے سامنے دنیا میں بلندیوں کو چھونے لگتا ہے۔ ”خافِضَةٌ رّافِعَةٌ“ ۔ یہاں پر ”خود اُتر کے آنا“ بہت ہی گہرے معنی میں استعمال ہوا ہے۔ یہی شعر کی سادگی میں گہرائی۔ راہی کو ممتاز کرتی ہے۔

اب آئیں راہی صاحب کی کتاب ”لاریب“ کی طرف تو یہاں بھی

"شک نہیں" کہ شاعری اپنے عروج کو پہنچی ہوئی ہے۔ ایک غزل میں لکھتے ہیں:

سب اثر جاتا رہا میرے لئے
کیا دوا اور کیا دُعا میرے لئے

پھر اگلی غزل (کسی اور بحر) میں فرماتے ہیں

یقین اتنا نہیں میرا جتنا نبض کا ہے
میری زبان سے سنتا نہیں وہ حال میرا

اب اگر صوفیانہ انداز میں نظر ڈالی جائے تو بات ایمان، قیامت اور میزان تک پہنچنی چاہیے

پیش کردی میں نے اپنی جان تک
بات پہنچی جب مرے ایمان تک

وزن کی خاطر بجائے دشت کے
ذرّے کو لایا گیا میزان تک

واقعی اس کتاب کا نام "لاریب" ہی ہونا چاہیے تھا۔

"لاکلام" کے شروع میں شمس الرحمٰن فاروقی نے غلام مرتضیٰ راہی کی شاعری پر ایک طویل پیش لفظ لکھا ہے۔ چونکہ یہ راہی صاحب کی تیسری کتاب تھی اور کچھ عرصہ بعد شائع ہوئی تھی، فاروقی صاحب فرماتے ہیں "غلام مرتضیٰ راہی کے تازہ کلام میں پہلے سے زیادہ تہہ داری ہے، اور یہ بات مناسب بھی ہے کہ شاعر اگر ارتفاع کرے تو گہرائی کی طرف جائے"

اُس نے جب دروازہ مجھ پر بند کیا
مجھ پر اُس کے محفل کے آداب کھلے

ایک اور غزل میں فرماتے ہیں

رہ کے پستی میں بھی ہمت نہیں ہاری میں نے
بن کے بنیاد عمارت کی اُبھرنا چاہا

دے دیا تہہ نے سمندر کی مجھے صاف جواب
اور گہرائی میں جب میں نے اُترنا چاہا

حقیقت یہ ہے کہ جب انسان شروع میں چند اشعار لکھنے کے قابل ہوتا ہے تو اپنے آپ کو جانے کیا سمجھنے لگتا ہے۔ مگر ارتفاع کی منازل سے گذرنے کے بعد احساس ہوتا ہے۔ اور پھر دعا نکلتی ہے کہ "ربِّ زدنی علماً" حقیقت یہ ہے کہ انسان کی حیثیت سے اگر ہمارا کچھ کام ہے تو یہی کہ "علم کی بنیاد" میں اضافہ ہوتا چلا جائے۔ "بقدر ہمت اوست" علم کی بنیاد کو وسیع سے وسیع بنایا جائے۔ اسی پستی (بنیاد) میں شاندار عمارت کی اونچائی نظر آئے گی۔

جہاں تک اُن کی کتاب "لاشعور" کا تعلق ہے مجھے اس بات پر فخر ہے کہ اس کا انتساب میرے نام ہے۔ جیسا کہ میں نے اُس کے شروع میں لکھا تھا "اگر شعر میں گہرائی ہے تو ایک کہانی بسی ہوئی ہے ایک سمندر کوزے میں بند ہے۔ یہی گہرائی ہماری بینش کا امتحان لیتی ہے۔ الفاظ کا یہی چناؤ ہمارے ذہن میں ایک ہیجانی کیفیت پیدا کرتا ہے یہی پہچان ہے ایک عام سے اور ایک بڑے شاعر میں"

دماغ والے! تجھے کچھ خیال ہے اُس کا
عروج ایک فقط لازوال ہے اُس کا

حقیقت یہ ہے کہ ہمارے دماغ میں کوئی خیال ایسا نہیں کہ جس میں تبدیلی نہ آتی ہو چاہے وہ ایسی چیز ہو جو کہ Physical ہو یا ایسی چیز جو کہ بالکل (Abstract) ہو یہاں تک کہ ہندسوں میں تبدیلی آسکتی ہے۔ جیسے کہ رومن سے تبدیلی عربی ہندسوں کی۔ اگر کوئی چیز ایسی ہے کہ جہاں اُس کے Concept میں تبدیلی آسکتی ہے تو وہ آئے گی مگر وہ اکیلا ہی لازوال ہے۔ راقم اس شعر کو گھنٹوں سوچتا رہا اور آخر میں یہ شعر مجھے (Principle of Continuous Improvement) میں فٹ ہوتا نظر آتا ہے۔

کلیاتِ راہی کی آخری تصنیف لاسخن نظر آتی ہے۔ فرماتے ہیں:

رکھتا نہیں ہے دشت سروکار آب سے
بہلائے جاتے ہیں یہاں پیاسے سراب سے

ترمیم، حذف اور اضافے کے ساتھ ساتھ
یہ کلّیات پر ہے مرے انتخاب سے

یہ کلام بھی بہت خوب ہے۔ راہی صاحب کے ہاں اکثر "لا" کی تکرار ہے۔ یعنی لامکاں، لاریب، لاکلام وغیرہ۔ میرے ذہن میں اس کا انتخاب خداوندی ہے کہ بات لاالٰہ سے شروع ہوتی ہے جیسا کہ مختلف ناقدین نے اس بات کا اعتراف کیا ہے کہ راہی صاحب نے اردو غزل کو ایک نئی راہ دکھائی ہے۔ میری طرف سے اگر کوئی اضافہ ہے تو یہی کہ جدید اور قدیم دونوں روایات کو راہی صاحب ساتھ لے کر چلتے ہیں اور کامیابی کے ساتھ۔

توڑ کر سارے درختوں کے ثمر لے جائے گا
میری محنت کا صلہ وہ اپنے گھر لے جائے گا

قصرِ ہستی کا تم اپنے گوشہ گوشہ چھان لو
اُس کا زینہ مل گیا تو بام پر لے جائے گا

آخر میں چہارسو کے قارئین سے التماس ہے کہ راہی صاحب کو خط لکھ کر یہ کتاب "کلّیاتِ راہی" منگوائیں۔ بہت کم کتابیں ہیں کہ جنہیں جب پڑھنا شروع کیا تو پڑھتا چلا گیا۔

جب غلام مرتضیٰ راہی کہیں مل جائے گا
اک سبق ہم کو بلاغت کا وہیں مل جائے گا

''عرفان ذات''

ڈاکٹر سید امین اشرف

(بھارت)

راقم الحروف کی معلومات کے مطابق غلام مرتضیٰ راہی پندرہ سولہ سال کی عمر سے ہی شعر گوئی کی طرف مائل ہیں۔ بچپن میں مقامی مشاعروں میں شرکت کرتے تھے اور داد و تحسین حاصل کرتے تھے۔ کان پور کے ادبی حلقوں میں زیب غوری، فنا نظامی کان پوری، حق کان پوری، عشرت ظفر اور ابوالحسنات حقی کا طوطی بولتا تھا۔ اس انجمن شعر و سخن کے ایک روشن چراغ غلام مرتضیٰ راہی بھی تھے۔ ملازمت کے سلسلے مین کئی سال تک علی گڑھ میں قیام رہا، خلیل الرحمٰن اعظمی، شمیم حنفی، وحید اختر اور شہریار سے قربت حاصل کی تھی۔ علی گڑھ کی ادبی محلفوں کے علاوہ خصوصیت سے شعبۂ اردو کے سالانہ مشاعروں میں پابندی کے ساتھ شرکت کرتے رہے اور پھر راہی کی شہرت کو چار چاند لگ گئے۔

اب تک ان کے شعری مجموعے لامکاں (۱۹۷۱ء) لاریب (۱۹۷۳ء)، لاکلام (۲۰۰۰ء)، لاشعور (۲۰۰۰ء) منصۂ شہود پر آچکے ہیں۔ ۱۹۶۰ء سے ۱۹۶۲ء کے آغاز ہی سے راہی جدیدیت کے ہراوّل دستے میں نظر آتے ہیں، من جملہ دوسرے ادیب، افسانہ نویس اور شعراء کے راہی بھی جدیدیت کے بنیاد گزاروں میں ہیں۔ اسی وجہ سے راہی کے طرز اظہار میں تازگی ہے، ان کا آہنگ سب سے منفرد اور لہجہ نہایت تربیت یافتہ ہے۔ راہی کی شاعری کی پرواز خلا میں نہیں بلکہ زمین اور عصری حسیت سے جڑی ہوئی ہے۔

شاعری کی تخلیق خلا میں نہیں ہوتی بلکہ تجربات و تاثرات کی بھٹی میں تپ کر اور نکھر کر جو نغمے بکھرتے ہیں وہی شاعر کی انفرادیت کا اثاثہ ہوتے ہیں۔ تخیل و تجمل کی ہم آہنگی فکر و فن کے سانچہ میں ڈھل کر جب بھی شعری لباس تیار کرتی ہے ادب کی دنیا میں جمالیاتی تہذیب کا ایک نیا منظر نامہ اُبھرتا ہے۔ یہ واقعہ ہے کہ ہر شاعر اشعار کی تخلیق کرتے ہیں یعنی شاعر کو شناخت ہی نہیں بلکہ ایک معتبر مقام اور دوام عطا کرتے ہیں۔ ہم سب جانتے ہیں کہ ہر شعری پیکر شاعر کے فکر و فن اور اس کی ذہنی استعداد کا آئینہ دار ہوتا ہے جو براہِ راست ادبی سماج سے رشتہ استوار کرنا چاہتا ہے۔ ایک سچے فنکار کی خصوصیت یہ ہے کہ وہ اپنے وجود میں شعر کہتے ہوئے بھی سماجی شعور کی گہرائیوں کا احاطہ کرتا ہے۔ اظہار کی ساحرانہ تخلیقی قوت سے اپنی ذات کو سماجی شعور میں اس طرح ضم کرتا ہے کہ اس کے شخصی تفکرات و تجربات اس کی ذات کی اکائی سے نکل کر سماج کی اکائی میں تحلیل ہو جاتے ہیں۔ اس کے دل کی دھڑکن ہر دل کی دھڑکن بن جاتی ہے اور اس کی روح کا نغمہ ہر روح میں بازگشت بن کر اُبھر آتا ہے۔

غلام مرتضیٰ راہی نے شاعری کی صحرا نوردی میں ایک طویل عمر بسر کی ہے جس کی بازیافت میں ان کے کئی مجموعۂ شعری ان کی ریاضت کے شاہد ہیں۔ ان کے شعری مجموعوں کے مطالعہ سے ان کی شعری کائنات کی گونا گونی کا برملا اظہار ہوتا ہے۔ تخلیقی لمحوں میں کہیں جذبات کی فراوانی کا سیل رواں ہے تو کہیں تفکر و تدبر کی شائستگی۔ کہیں خیالات کی یورش تو کہیں احساسات کی شورش، کہیں تصورات کی رومانیت تو کہیں تصوف کی روحانیت۔ تنوع کے اس حسین امتزاج نے موصوف کی شاعری کو یکسانیت کے جمود سے تحفظ بخشا ہے۔ غالباً یہی وہ بنیادی عناصر ہیں جس کی وجہ سے غلام مرتضیٰ راہی کی شاعری زندگی سے قریب بھی ہے اور زندگی کی ترجمان بھی۔ شاعر کی داخلی زندگی کی کشاکش اور خارجی زندگی کی کشمکش میں ایک استعاراتی تلازمہ نظر آتا ہے جو ان کے شعری تار و پود کو رنگین و پُرکشش بناتا ہے۔

غلام مرتضیٰ راہی کے مجموعۂ کلام کے آئینہ خانہ میں کلیدی لفظ ''آئینہ'' یقیناً قابلِ توجہ ہے جس کو شاعرانہ چابک دستی کے ساتھ مختلف استعاراتی پیکروں میں تراشا گیا ہے۔ زندگی کے مختلف النوع داخلی اور خارجی تجربات کی عکاسی اسی آئینہ کو استعارہ بنا کر فنکارانہ جودت کے ساتھ کی گئی ہے۔ چند مثالیں پیش کی جاتی ہیں:

رکھ دیا وقت نے آئینہ بنا کر مجھ کو
روبرو ہوتے ہوئے بھی میں فراموش رہا

اس شعر میں آئینہ کی علامتی تمثیل سے زمانہ کی عدم توجہی، گریز اور استغنا کا خوبصورت اور فنکارانہ اشاریہ ملتا ہے۔ یہاں سماج کے نظر انداز کرنے کا صرف شکوہ ہی نہیں بلکہ اندرونی کرب کا بھی اظہار موجود ہے۔

رہے گا آئینے کی طرح آب پر قائم
ندی میں ڈوبنے والا نہیں کنارہ مرا

یہاں شاعر کے تیور بدلے بدلے نظر آ رہے ہیں۔ ذات پر ایک قسم کا اعتماد و ایقان دعوی کے ساتھ دلیل۔ ندی کے پانی کی سطح پر عکس کی طرح قائم رہنا، ایک خوب صورت Image کا فن کارانہ استعمال کر کے اظہار کیا گیا ہے۔

آگے دیکھئے آئینہ کی علامت کو کس کس خوب صورت ڈھنگ سے برتا گیا ہے۔

میری پہچان بتانے کا سوال آیا جب
آئینوں نے بھی حقیقت سے مکرنا چاہا

وقت اور حالات کے تحت زمانے کی بدلتی روش کی حسین شاعرانہ تصویر کشی کی اس کاوش کو یقیناً سراہا جانا چاہیے:

محو ہو جاتے ہو اپنی دید میں
آئینہ کا دھیان بھی رکھا کرو

ایک رومانی تجربہ، جس سے چھیڑ چھاڑ کے ساتھ ایک ہلکا سا تفنن طبع، حسن کی فطرت کی عکاسی، جو ماحول سے بے نیاز اپنی ذات میں گم خود پر نازاں جسے نرگسیت (Narcissism) کی اصطلاح میں بھی استعمال کیا جاتا ہے:

''میں ترے واسطے آئینہ تھا
اپنی صورت کو ترس اب کیا ہے

چھوٹی سی بحر میں بڑی بات کہنے کی کوشش کی گئی ہے۔ زندگی کے بیش قیمت لمحوں کی ناقدری، اس کا ردعمل، احساس زیاں، ایک عام تجربہ:

حجابات سے خود کو دیکھا کیا وہ
رہا آئینوں میں سر عام روشن

فلسفۂ تصوف کا نظریاتی اظہار، انسان کی روحانی بصیرت، کائنات کے موجودات کا وہ آئینہ خانہ جس میں عکسِ خالق نمایاں ہے:

کیوں پہلے اس نے آئینوں کو آب و تاب دی
پھر ایک ایک کر کے کیا چور کس لیے

اس کائنات میں فنا و بقا کا نظام، انسانی ذہن کے لیے ازل سے ایک اہم ترین راز ہے۔ تعمیر و تخریب کا آفاقی اصول ایک فلسفہ حیات و موت بن کر آج بھی جواب کا منتظر ہے:

ہوا جو سامنا جو رُخ کو موڑ کر چلا گیا
وہ آئینوں کو حیرتوں میں چھوڑ کر چلا گیا

کس قدر حسین استعارہ، زندگی کا ایسا تجربہ جہاں انسانی توقعات کو شکست کا سامنا کرنا پڑا ہے اور جس واقعہ کا کوئی عقلی جواز نہ ہونے کی صورت میں حیرت کا سامنہ کرنا پڑتا ہے:

قریب تھا کہ دیکھتا وہ اپنا عکس ہر طرف
پس غبار آئینوں کو چھوڑ کر چلا گیا

انسانی زندگی کی بے اعتباری کی خوب صورت ترین عکاسی کی گئی ہے۔ ایک ایسے باپ کی اچانک اور بے وقت رحلت کا تصور کریں جو اپنے بچوں کے بڑھنے اور پھلنے پھولنے کی آرزو لے کر اس دنیا سے رخصت ہو گیا۔ اس کی اولادیں سب اسی کی ذات کا آئینہ تھیں۔ انسانی امیدوں اور آرزوؤں کی پامالی کے شاعرانہ اظہار کے لیے ہر شعر میں آئینہ ایک نئے عکس کے ساتھ اُبھرتا ہے:

ایسے میں جھانک لیا کرتا ہوں اپنے دل میں
عکس سے پاتا ہوں آئینہ کو اکثر خالی

اپنی ذات کا احتساب معمولی بات نہیں، کبھی کبھی بحرانی لمحوں میں زندگی سے شکایت نہ کر کے خود احتسابی انتہائی مفید عمل ہے:

آئینوں سے ایسے ہم بیزار ہوئے
اپنے آپ سے پردہ کر کے بیٹھ گئے

ایک تصنع کی دنیا کی شاعرانہ تصویر کشی دیکھیے اس آئینہ خانہ میں حقیقت کی جگہ صرف عکس اور وہ بھی متزلزل۔ اس سے بہتر ہے گوشہ نشینی، دنیا کے طرز عمل سے بیزاری کا خوش نما اور شاعرانہ منظر نامہ:

قدم قدم پہ جلا بخشتا ہے جو مجھ کو
بنا کے آئینہ کر دے گا چُور چُور کہیں

عروج و زوال کی اس دنیا میں زیاں کا خوف فطری ہے۔ حسین ساعتیں دائمی نہیں ہوتیں۔ یہی وہ بصیرت ہے جو اس شعر کی روح ہے:

صورتیں بے تکان تکتے ہوئے
آئینے عکس سے درکتے ہوئے

انسانی زندگی کی پامالی اور لاحاصلی کی خوب صورت تصویر، ایک قسم کی بیزاری اور لاتعلقی کی کیفیت۔ بے مقصد بے معنی سہمی سی زندگی کی عکاسی:

مثالِ سنگ ہوں میں اس کی بے رُخی کے سبب
سراپا آئینہ اس کی توجہات سے تھا

انسانی زندگی میں سماجی اور ذاتی رشتوں میں التفات و عدم التفات کے مثبت و منفی اثرات کو سنگ و آئینہ کے متضاد پیکروں سے فن کارانہ انداز میں نمایاں کیا گیا ہے۔

آئینہ دکھلانے والا ایک دن
آئینے میں خود بھی شرمایا بہت

دوسروں پر طنز و طعنہ کشی کرنے والوں کے لیے ایک واعظانہ اشاریہ وجود بھی ایک دن طنز کا نشانہ بن جاتے ہیں۔ وقت کے بدلتے موسموں کا مزاج شناس ہونا ضروری ہے۔ غیر اخلاقی طرز حیات کے لیے تازیانہ۔

اسی طرح مندرجہ ذیل اشعار میں انسانی نفسیات، سماجی واردات اور داخلی تجربات کو آئینہ کے استعاراتی پس منظر میں تلاش کرنے کی شاعرانہ کوشش کی گئی ہے جو یقیناً عام قاری کے لیے جمالیاتی حظ کے ساتھ ساتھ نئی بصیرتوں کا دروازہ کھولتے ہیں:

بہت گراں تھا حقیقت کا سامنا کرنا
کہ لوگ آئینوں کے روبرو فرار ملے

مری صفات کا جب اس نے اعتراف کیا
بجائے چہرے کے آئینہ میں نے صاف کیا

جس نے جانا مجھے آئینہ صفات
وہ مرے سامنے آنے سے بچا

عرفان اپنی ذات کا ہر زاویہ سے کر
میں تیرا آئینہ ہوں مجھے بار بار دیکھ

کہیں کھو نہ بیٹھے وہ پہچان اپنی
جسے دیکھے آئینہ ہو رہا ہے

ایک تربیت یافتہ شعور مشاہدات وتجربات کی سنگینی وسنجیدگی کو محسوس کرسکتا ہے لیکن اگر ترسیل وابلاغ کے فن سے ناآشنا ہے تو یہ تجربہ اور احساس کی شدت اس کی ذات میں گھٹ کر اور سمٹ کر رہ جاتی ہے، لیکن جب یہ احساس ایک پختہ گو شاعر کی فنکارانہ ہنرمندی سے الفاظ میں ڈھلتا ہے تو غلام مرتضیٰ راہیؔ کی شاعری بن جاتا ہے۔

''مثالِ سنگ ہوں''

ڈاکٹر مناظر عاشق ہرگانوی

(بہار،بھارت)

غزل بدلتے ہوئے وقت کے ساتھ زمانے کے نئے تقاضوں سے عہدہ برآ ہوتی رہی ہے۔

غلام مرتضیٰ راہی غزلوں میں روحِ عصر کو زیادہ بہتر طریقے سے برتنے کا ہنر جانتے ہیں۔ صورت یا فارم اور مفہوم کے وصل سے معانی کو بہتر طریقے سے اجاگر کرتے ہیں اور نفس و آشنائی کی حقیقت سے زندگی کی ترجمانی میں امید اور آرزو کے رنگ بھرتے ہیں۔ ان کی غزلیں بدلتے ہوئے رجحانات اور مذاق کا ساتھ دیتی ہیں، نئے ماحول، نئی معاشرت اور نئی صورت حال کی ترجمانی کرتی ہیں اور تمام تر لطافتوں، نزاہتوں اور روایتی حدود و قیود کے ساتھ نئی زندگی کے پیچیدہ مسائل کو پیش کرتی ہیں۔

وہ نفسی کیفیت جس میں الفاظ کی صورت اور ان کے مفہوم کو ایک دوسرے سے جدا نہ کیا جا سکتا ہو جس میں اس کا وصل متوقع اور مطلوب ہو، بڑی نادر الوجود کیفیت ہے۔ عملی مقاصد کے لیے زبان کے استعمال اور مجرّد فکر دونوں میں صورت اور مفہوم کو جدا رکھنا ضروری ہوتا ہے۔ اس لیے تمام انسان اسی تفریق کے عادی ہو جاتے ہیں اور ان کے لیے اس سے اپنے آپ کو خالی کرنا بہت مشکل ہوتا ہے۔ علاوہ بریں یہ نفسی کیفیت جس میں زبان کے سارے اوصاف بروئے کار آجاتے ہیں، بذاتِ خود اس امر کی کفیل نہیں کہ وہ مکمل چیز، وہ مجموعہ محاسن، وہ لطائفِ غیبی کا مجموعہ جسے ہم شاعری کہتے ہیں خود بخود ظہور میں آجائے۔ اس کیفیت سے زیادہ سے زیادہ حسین ٹکڑے ہاتھ آتے ہیں۔ انہیں ہم اس طرح بھی کہہ سکتے ہیں کہ زمین میں جن چیزوں کے خزینے مدفون ہیں وہ سب چٹانوں یا ریت کے ساتھ ملی جلی پڑی ہوتی ہیں۔ اگر انسان کی محنت انہیں سطحِ زمین پر نہ لائے اور پھر ان کو ملاوٹ سے پاک و صاف کر کے عمدہ تراش خراش اور جلا نہ دے تو یہ دفینے انسان کے لیے بیکار ہیں۔ شاعر بعینہٖ اسی طرح کا عمل ان منتشر خیالات پر کرتا ہے جو اس کی شاعرانہ کیفیت میں اس کے ذہن میں آتے ہیں۔ غلام مرتضیٰ راہی نفس کی آزادی کو سلب کیے بغیر آداب سکھاتے ہیں، توانائی بخشتے ہیں، ذہانت و جودت عطا کرتے ہیں اور بے تکلفی سے کام لے کر مجرّد افکار اور حقیقی فلسفہ کی آمیزش سے پیہم بدلتی کیفیت کو اجاگر کرتے ہیں۔

سمیٹ لو گے کسی روز کائنات کو تم
دراز اپنے تعلق کا سلسلہ رکھنا

بھرا ہے جوش بارش کا رگوں میں
ندی ساحل سے ٹکرانے لگی ہے

ذات کا ہو کہ کائنات کا ہو
جتنا ادراک اتنی حیرانی

جب اس نے دروازہ مجھ پر بند کیا
مجھ پر اس کی محفل کے آداب کھلے

سمائی جا رہی ہے کائنات اس میں
ہے ذرہ تنگ اپنی بیکرانی سے

کرایہ دار اک ایسا بسالیا میں نے
گری پڑی سی عمارت مری سنبھلنے لگی

اے مرے پایاب دریا! تجھ کو لے کر کیا کروں
ناخدا، پتوار، کشتی بادباں رکھتے ہوئے

ملا سکتا ہوں سورج سے نگاہیں
ہزار اس نے مجھے ذرّہ بنایا

غلام مرتضیٰ راہی کی غزل میں شعورِ عصر کی بازآفرینی کے رویے کے علاوہ بھی دوسرے حاوی رویے ملتے ہیں۔ وہ خوابوں اور یادوں کے حرزِ جاں بناتے ہیں اور تحفظِ ذات کرنے کے باوجود معاصر تہذیبی اور سماجی حقائق سے متصادم ہوتے نظر آتے ہیں۔ ان کی غزل میں موجود ڈرامائی کردار ابھرتا ہے وہ آج کے حساس، دردمند، متشکک، خوف زدہ اور باشعور انسان کی نمائندگی کرتا ہے۔

انفعالیت اور جذبائیت سے متحرک دانش وری کے اوصاف کا مظاہرہ غلام مرتضیٰ راہی کی غزلوں میں ملتا ہے۔ ان کا فنی اظہار ناقابلِ فہم استعاروں سے عبارت نہیں ہے۔ وہ گرد و پیش کی اشیاء سے ربط پیدا کرتے ہیں لیکن یہ ربط ذہنی یا نظریاتی نہیں ہوتا، بلکہ حسّی اور تجرباتی ہوتا ہے۔ صورت حال کو ناگزیر سمجھ کر قبول کرتے وقت فنی ادراک کی یاوری کو راہی بھولتے نہیں۔ تجنیس ان کے یہاں صوتی یا اشتقاقی ہی نہیں ہوتی، معنوی بھی ہوتی ہے۔ لفظ کی اہمیت اظہار کی متحرک صورت ہوتی ہے۔ لفظ ان کے یہاں کشف و اظہار کو سامنے لاتا ہے، سوز و گداز اور نرمی کے ساتھ لاتا ہے، تازہ کاری کے ساتھ لاتا ہے اور نزاکتِ بیان کے ساتھ لاتا ہے۔ لمحۂ فکریہ تک لے جانے کا ہنر ملاحظہ کیجیے۔

اب مئی جون میں پہلے کی طرح
ہاتھ کے پنکھے ہوا دیتے ہیں

آتا تھا جس کو دیکھ کے تصویر کا خیال
اب تو وہ کیل بھی مری دیوار میں نہیں

نہ میرے پاس دولت ہے نہ طاقت ہے نہ رتبہ
کوئی اس حال میں مجھ پر بھروسا کیا کرے گا

ہم ہو چکے تھے ریڈیو سن کے ہوشیار
وہ ٹی۔ وی دیکھ دیکھ کے چالاک ہوگئے

بعض خوشیاں نہیں جینے دیتیں
بعض غم عمر بڑھا دیتے ہیں

تختی کا لیکھا جوکھا، جو رکھتا ہو وہ جانے
مد میں دس لکھا ہے صلے میں سَو رقم ہے

مثالِ سنگ ہوں میں اس کی بے رخی کے سبب
سراپا آئینہ اس کے توجّہات سے تھا

آب ودانہ میں جب ملاوٹ ہو
آدمی کیا نہ کھائے کیا نہ پیے

ولی کے قبضے میں دو گز زمیں تھی جس کے لیے
رَوا ہوئی گڑے مُردے سے انتقام کی چھوٹ

پیڑ نہ ہونے کی مجبوری سے سمجھوتا کر لیتے ہیں
چھت میں جھولے ڈال لیا کرتے ہیں بچے اب ساون میں

کسی بھی شخص کی زندگی عام طور پر اسی حد تک قابلِ توجہ اور دلچسپ ہوسکتی ہے جب تک وہ سماجی زندگی کی روشنی میں سمجھی جاسکے اور جس میں وہ عالمِ انسانی، جذبات سے ہم آہنگ ہو۔ ایسے ہی انفرادی اور اجتماعی اشکال کو غلام مرتضیٰ راہی اخذ کرتے ہیں اور طرزِ فکر کو باشعور ذہن سے محسوس کراتے ہیں۔ ان کے پیرایۂ اظہار میں ایک جہانِ نو، ایک تازہ کار اخلاقی، مشاہداتی، تجرباتی فضا اور تخیل و تفکر کی نئی وسعتوں کا سراغ ملتا ہے۔ ان کا ایک انفرادی و امتیازی وصف یہ بھی ہے کہ روایت کے بہترین سرمائے سے انہوں نے کسبِ فیض کر کے تازگی اور ندرت کو اپنایا ہے۔

بھیجے وہ زلزلہ کہ سُنامی کہ اور کچھ
اپنی ہی کائنات کو زیرو زبر کرے

چولہے جلتے رہیں سر سبز درختوں کے طفیل
خشک بھی کوئی کوئی ڈال رہنی چاہیے ہے

کرتا نہیں ہے کیوں وہ حقیقت مری بیاں
اوروں کے قصے کر دیے مشہور کس لیے

حسنِ عمل میں برکتیں ہوتی ہیں بے شمار
پتھر بھی توڑیے تو سلیقے سے توڑیے

کیمرہ اس وہ اُوپر سے لگا کر رکھنا
گھر میں دشوار ہو راز چھپا کر رکھنا

دشمن میرا پھرا کیا آزادی سے
میں گھر میں اس کے ڈر سے محصور رہا

مری شبوں کو میسّر نہیں تھے چھت آنگن
ملی نہ چاند ستاروں کی روشنی مجھ کو

دل نے تمنا کی تھی جس کی برسوں تک
ایسے زخم کو اچھا کر کے بیٹھ گئے

زندگی کے امکانات کے اظہار کے لیے غلام مرتضیٰ راہی سوچ کی فعالیت سے کام لیتے ہیں۔ ان کا اساسی تجربہ غزلوں کے وژن میں دیکھا جاسکتا ہے۔ احساسات، نیم نگاہی یا باریک نگاہی، جامع سچائی، موجود کی گہرائی، وجودی کیفیت، فکری عمق، فلسفیانہ نکتے، کثیر المعویت اور خود منکشفی تمثال کی اونچی سطح کی نشانیات دیکھیے۔

سواریوں سے اَٹی ہیں راہیں
رُکا رہے گا پیادہ کب تک

دیا ساتھ دونوں نے میرا مگر اب
دوا رک گئی ہے دعا چل رہی ہے

بعض ''آدم خور'' ہوتے ہیں شجر
دیکھ سن کر چھاؤں میں بیٹھا کرو

کیا تھا اس نے جوانی میں وصل کا وعدہ
بزرگ ہوگئے ہم اعتبار کرتے ہوئے

بے تحاشہ جیسے ہم لوگ، ہمیں ہوش نہیں
وقت آرام سے گزرا کہ پریشانی سے

آدمی چاہتا ہے اب جو خلا میں رہنا
دیکھیں بنیادِ عمارت کی کہاں رکھتا ہے

کم زور پہ حملہ نہیں کرتا کبھی میں بھی
وہ ''باز'' ہے میرا جو ''کبوتر'' سے پرے ہے

غلام مرتضیٰ راہی نے زندگی کے اجنبی اور نامانوس گوشوں سے ہی نہیں بلکہ دیکھی بھالی اور جانی بوجھی دنیا سے بھی مواد حاصل کیا ہے۔ یہی وجہ ہے کہ آج کی زندگی کے ہمہ وقت مسائل کو وہ کلاسیکی مزاج سے کام لیتے ہوئے مخصوص اور منفرد انداز میں پیش کرتے ہیں۔

سب فاصلہ اک جست میں لہروں نے کیا طے
تم کہتے تھے گھر میرا سمندر سے پرے ہے

برادری نے اُسے پھر نہیں قبول کیا
قفس سے چھوٹ کے آیا ہوا پرندہ تھا

پرکھوں سے چلا آتا ہے یہ نقلِ مکانی
اب مجھ سے بھی خالی مرا گھر ہونے لگا ہے

مدافعت سے کم اتلاف جاں کا ہوتا ہے
محافظوں نے مگر دی نہ ان کو نام کی چھوٹ

ماں باپ کے رتبے کو نہیں پہنچے کبھی ہم
قدموں میں ہمارے کبھی جنّت نہیں آئی

آبادی اتنی بڑھنے پہ راہیؔ یہ حال ہے
ملتا نہیں ہے آدمی دنیا میں ڈھنگ کا

چاند پر رکھ چکا قدم راہیؔ
اب ہے باری کسی ستارے کی

غلام مرتضیٰ راہی کی غزلوں میں ''زمین'' کو خاص اہمیت حاصل ہے۔ وسیع و عریض کینوس پر انہوں نے مشاہدات اور تجربات کے ذریعے مختلف زاویہ سے حیات و کائنات کی رنگ آمیزی کی ہے۔ ان میں اس بات کا احساس ہے کہ مٹی سے انسانی زندگی کا ازلی اور ابدی رشتہ ہے اور یہ مٹی زمین سے مہیا ہوتی ہے اور زمین وہ محور ہے جس پر انسان گردش کرتا رہتا ہے، سانسوں کے اُتار چڑھاؤ کو گنتا رہتا ہے اور اپنے پاؤں جما کر پونجی پیدا کرتا ہے، پھر اسے گنوا کر خالی ہاتھ آسمانی سفر پر روانہ ہو جاتا ہے۔ راہی کے یہاں زمین زندگی کی علامت ہے کیونکہ اس طرح آماجگاہ کی انفرادیت سے شناخت سامنے آتی ہے۔

اے زمیں! اتنی کشش تجھ میں کہاں سے آئی
دو گھڑی اَوج پہ رہنا مرا دشوار ہوا

گُل سخت زمینوں میں کھلانے کا نتیجہ
بھنوروں کا ادھر بھول کے پھیرا نہیں لگتا

گرا زمیں پہ تو حیران کر گیا وہ بھی
جو آئینہ بھی نہیں تھا بکھر گیا وہ بھی

رہا ہمیشہ ہمیں ایک دوسرے کا خیال
اسے زمیں سے مجھے آسماں سے کام رہا

فلک سے جو دیکھا کہ خالی پڑی ہے
زمیں پر مجھے اس نے مہماں رکھا

زمیں کے بعد ہم اب آسماں نہ رکھیں گے
خلا رہے گا قدم ہم جہاں نہ رکھیں گے

زمین چین سے نہ تھی سکوں سے آسماں نہ تھا
کوئی نہ تھا یہاں وہاں کہ جس پہ میں گراں نہ تھا

جو رکھا تھا زمین پر مرا پہلا قدم تھا
پڑا ہے چاند پر مرا اگلا قدم ہے

اور زمین کے تعلق سے یہ نعتیہ شعر غلام مرتضیٰ راہی ہی کہہ سکتے تھے

بلند قامتی میں وہ پرے مری نگاہ سے
زمیں پہ آسمان کا وسیلۂ نزول وہ
غلام مرتضیٰ راہی نے کشش انگیز قوت اور معنوی بصیرت سے کام لیتے ہوئے نفسیات کو بھی راہ دی ہے اور محسوسات کو رمز شناسی بخشی ہے
اٹھا رہا ہوں میں دیوار اپنے گھر کے لیے
نکال اور کوئی راہ اب گزر کے لیے

بیٹھے بٹھائے سوجھتی ہے دُور کی ہمیں
یوں ہی گزرتے رہتے ہیں ہم دھوپ چھاؤں سے
بیان رٹتا رٹا نا مرا ہوا بے کار
جو ٹھیک تھا وہی میری زبان سے نکلا
غلام مرتضیٰ راہی کے کوزۂ آہنگ میں گرد و پیش کی موجیں ٹھاٹھیں مارتی نظر آتی ہیں جن کے رنگ الگ الگ ہیں۔

(غلام مرتضیٰ راہی)

(صفوت علی صفوت کی نذر)

مَیں اپنے آپ میں کبھی تنہا نہیں رہا
افسوس کوئی دیکھنے والا نہیں رہا

ہم نے جہاں بھی چاہا ذرا جم کے بیٹھنا
کچھ دیر بعد ہی وہاں سایا نہیں رہا

موسم کا یہ تقاضا کوئی آج کا نہیں
ساحل کے بس میں پہلے بھی دریا نہیں رہا

انداز اس کا اب بھی وہی دیکھنے کا ہے
نادان میں ضرور ہوں بچہ نہیں رہا

جس کا ہے یہ وہ رکھتے نظر اس کی چال پر
''اب ہم کو اپنے دل پہ بھروسہ نہیں رہا''

دیواریں چھن چکی ہیں ہمارے مکان کی
چاروں طرف سے اب کوئی پردہ نہیں رہا

○

صفوت صاحب نے دل کے آپریشن کی خبر اس مصرعہ سے بھیجی تھی۔

(گجرات (۲۰۰۰) کے نام)

قصور فرد کا ملّت سے انتقام کے چھوٹ
کہاں کہاں نہ پڑی تیغِ بے نیام کی چھوٹ

کسی کی چھوٹ سے وہ کو بہ کو نظر آئے
بہم نہ تھی جنہیں صحرا میں بھی خرام کی چھوٹ

اے آفتاب! کہاں سر چھپائے اب کوئی
کہ سائبان میں ہے دھوپ کو قیام کی چھوٹ

کسی کو طَور طریقہ سُجھانے کی مہلت
کسی کو ایذا رسانی کے اہتمام کی چھوٹ

پھرا کیا ہے یوں نمرود آگ بھڑکاتا
کہیں ملے نہ براہیم کو مقام کی چھوٹ

وَلی کے قبضے میں دو گز زمیں تھی، جس کے لیے
رَوا ہوئی گڑے مُردے سے انتقام کی چھوٹ

یہی گھڑی ہے کہ تاریخ خود کو دُہرالے
کہ روز روز نہیں ملتی قتلِ عام کی چھوٹ

○

ولی دکنی کی تین سو سال پرانی قبر کو فسادیوں نے تہس نہس کر دیا تھا۔

''غبار چھٹنے تلک''

راہی صاحب کی دو چنیدہ غزلیں

صاعقہ مقبول (اسلام آباد)

○

ہے آبگینۂ احساس پارہ پارہ مرا
اِنھیں جھروکوں سے دیکھو گے تم نظارہ مرا

سلام کرنے لگے سنگ وخشت اُٹھ اُٹھ کر
اُسی گلی سے ہوا جب گزر دوبارہ مرا

غبار چھٹنے تلک اِنتظار کر لیتے
دکھائی دیتا تمھیں اوج پر ستارہ مرا

رہے گا آئینے کی طرح آب پر قائم
ندی میں ڈوبنے والا نہیں کنارہ مرا

مَیں عندلیب ہوں لیکن مری نوا ہے الگ
چمن کو خاک نہ کردے ''سخن شرارہ'' مرا

...... ☆ ......

غرقاب بستیوں کو اُبھر جانا چاہیے
دریا کو اب چھتوں سے اتر جانا چاہیے

سبزے کی طرح میں نے بھی خود کو جھکا لیا
اب آندھیوں کو سر سے گزر جانا چاہیے

اب تک رہی فراز کی دہشت نگاہ میں
اب دیکھ کر نشیب کو ڈر جانا چاہیے

قدموں کے جب نشان نظر آئے ہر طرف
پھر ہم نے یہ نہ سوچا کدھر جانا چاہیے

آنسو کا اپنے دیکھنا رخسار پر اثر
شبنم سے گل کو اور نکھر جانا چاہیے

ساحل پہ رہ کے تیرنا آیا نہیں جنھیں
دریا میں ان کو ڈوب کے مرجانا چاہیے

○

تاخت وتاراج کے دیکھے گئے منظر کیا کیا
قہر ڈھاتے رہے ساحل پہ سمندر کیا کیا

ابھی کھُلتے مری تلوار کے جو ہر کیا کیا
جھک گئے اپنی حفاظت کے لیے سر کیا کیا

آسمانوں کو اُٹھائے ہوئے لگتے تھے مگر
لے کے اپنی چھتیں بیٹھ گئے گھر کیا کیا

پھینکنے والوں نے پہچان نہ جانی ان کی
جُڑ گئے ہیں مری دیوار میں پتھر کیا کیا

تُو نے بخشے جو ہمیں سیف وقلم کے جوہر
ہم نے رکھوا دیے چوکھٹ پر تری سر کیا کیا

مال و دولت پہ تراناز تھا بیجا راہیؔ
ہیچ ہیں اس کے بدن پر ترے زیور کیا کیا

○

○

کہنے سُننے کا عجب دونوں طرف جوش رہا
شہر کی باتوں پہ صحرا ہمہ تن گوش رہا

آنکھوں آنکھوں میں وضاحت سے ہوا کیں باتیں
چُپ نہ محفل میں وہ بیٹھا نہ مَیں خاموش رہا

رکھ دیا وقت نے آئینہ بنا کر مجھ کو
رُو بہ رُو ہوتے ہوئے بھی میں فراموش رہا

مدّتوں بعد نقاب اُس نے اُٹھائی رُخ سے
سر بسر شعلہ وہ نکلا جو سیہ پوش رہا

ٹھہرا اظہار کی حسرت کو چھپانا مشکل
بن گیا بولتی تصویر جو خاموش رہا

دُھوپ کی تھی جہاں فصلوں کو ضرورت راہیؔ
بادلوں میں وہیں سُورج کہیں روپوش رہا

..... ☆ .....

○

اُبل پڑا ہوں تو اب پتھروں سے داب مجھے
نہ سوچ کیسے کِیا تو نے دستیاب مجھے

بنا دیا مجھے حاتم، مرے تجسُّس نے
ہر اک سوال کا لانا پڑا جواب مجھے

سب ایک موڑ تک آئے مرے تعاقب میں
پھر اس کے بعد سمجھنے لگے سَراب مجھے

چمک دمک سے مری، خیرہ ہوگئیں آنکھیں
کہا گیا اسی عالم میں آفتاب مجھے

مِلا ہے نُطق اِسی شرط پر مجھے راہیؔ
بتانا ہے کسی ذرّے کو آفتاب مجھے

☆

○

چاند کی نظروں کے جادُو کا اثر ہونے کو ہے
اے سمندر! پل میں تو زیر وزبر ہونے کو ہے

آسماں سُنسان ہو جائے گا دن بھر کے لیے
باندھا بستر چاند تاروں نے، سحر ہونے کو ہے

اڑ رہی ہے روشنائی، پھڑ پھڑاتا ہے ورق
کوئی حرفِ معتبر، نامعتبر ہونے کو ہے

مَیں سِوا سچ کے نہیں کچھ کہنے والا، اس لیے
سُننے والو! میرا قصّہ مختصر ہونے کو ہے

اور تھوڑا رہ گیا راہیؔ سَرابوں کا سفر
رائگاں جانے کی کوشش کارگر ہونے کو ہے

☆

لاکلام (۲۰۰۰ء)

○

دماغ والے! تجھے کچھ خیال ہے اُس کا عروج ایک فقط لازوال ہے اُس کا
کہاں تک اُس کی مسیحائی کا شمار کروں جہاں ہے زخم وہیں اندمال ہے اس کا
مِلا ہے کس لیے مخلوق پر شرف تجھ کو ہمیشہ سے یہی مجھ سے سوال ہے اس کا
یہاں تک آ گئی بینائی میری آنکھوں میں جدھر بھی دیکھتا ہوں احتمال ہے اس کا
اُبھرتی جا رہی ہے کائنات کی تصویر میں رنگ بھرتا ہوں جس میں خیال ہے اس کا
مشاہدات سے یہ صاف ہوگیا راہیؔ کہ ذرّہ ذرّہ عدیم المثال ہے اس کا

...... ☆ ......

تمازت چاند سے کچھ یوں چھنی ہے
شعاعِ مہر شب میں چاندنی ہے
اگر ہو زخم کھانے والا کوئی
قلم کی نوک برچھی کی اَنی ہے
کہیں اچھی تری تصویر تجھ سے
اگر تھی دیدنی تو دیدنی ہے
کوئی جذبہ نہیں صادق رہا اب
کہاں وہ دوستی وہ دشمنی ہے
پڑے ہیں پاؤں میں چھالوں پہ چھالے
بڑی مشکل سے پگڈنڈی بنی ہے
ستارے چاند سورج کہہ رہے ہیں
چلے آؤ جہاں تک روشنی ہے
ہمیشہ واسطہ رکھتا ہے خود سے
مجھی سے میری بگڑی اور بنی ہے

○

پتھروں کا وہ پہاڑوں سے سَرکتے رہنا
میرا رُک رُک کے وہ منھ راہ کا تکتے رہنا
ہر طرف سے وہ سمندر سے گھری ہوتے ہوئے
بیچ میں آگ کا رہ رہ کے بھڑکتے رہنا
ایک اک بوند کا اب چاہیے ساقی کو حساب
وہ مرے جام کا بھر بھر کے چھلکتے رہنا
جاگنے کے لیے آنکھوں کو بہانہ ہو کوئی
جگنوؤ! تم مری راتوں میں چمکتے رہنا
بھیگنا وہ مرا بارش کے نکل جانے پر
قطرے قطرے کا وہ شاخوں سے ٹپکتے رہنا
بادلوں سے نہیں برداشت ہُوا اب کے برس
فصل کا میری کڑی دھوپ میں پکتے رہنا
وہ ترا خاروں کو مہمیز سمجھنا راہیؔ
اُن کا وہ ٹوٹ کے تلوؤں میں کھٹکتے رہنا

○

○

(رباعی کے اوزان میں)

ڈوبے ہوئے سورج کی کرن دیکھتا ہوں — جاگا ہوں تو بستر کی شکن دیکھتا ہوں
سینے میں تڑپ ہے تو مزہ جینے کا — اَمواج میں دریا کو مگن دیکھتا ہوں
تَو کون ہے؟ کیا چاہتا ہے؟ جلد بتا — سب نشہ ترے آگے ہرن دیکھتا ہوں
اَشیا کی نگاہوں سے گرے جاتے ہیں — کس حال میں سکّوں کا چلن دیکھتا ہوں
کس وقت مری آنکھ کُھلی ہے راہیؔ — غفلت میں پڑی صبحِ وطن دیکھتا ہوں

...... ☆ ......

○

ایسی شبوں کا بھی مری رکھتے ہیں تجربہ چراغ
چاہ کے بھی نہ کر سکے جن کا مشاہدہ چراغ
مَوجِ ہَوا نے ایک دن بدلا ہے اپنا رُخ ضرور
بامِ عروج پر کبھی جلتا نہیں رہا چراغ
دن میں جلانے کا جواز مجھ کو کبھی ملا نہیں
یوں مرا آفتاب کے آگے نہیں جلا چراغ
علم و ہنر کی روشنی پھیلتی ہے اسی طرح
جلتے ہیں اک چراغ سے جیسے ہزار ہا چراغ
رکھتے ہیں یوں تو سب قدم کر کے مگر شمار ہم
لاکھوں میں کوئی نقشِ پا بنتا ہے راہ کا چراغ
دَور میں قُمقموں کے اب کس لیے جل رہے ہیں یہ
جلنے کی اپنے پہلے ہی کر چکے انتہا چراغ
یوں ہی جلائے جاؤں میں یوں ہی بجھائے جاؤں میں
شام وسحر مرے لیے مانگتے ہیں دعا چراغ

○

پیش اس کی کہیں مجھ کو ضرورت نہیں آئی
یوں میرے فسانے میں حقیقت نہیں آئی
پیہم وہ اشارے سے بُلاتا ہے مجھے پاس
کہتا ہے ابھی وصل کی ساعت نہیں آئی
وعدے کو لیے اس کے میں یہ سوچ رہا ہوں
کیا بیتے گی مجھ پر جو قیامت نہیں آئی
مجھ کو اسے گلزار بنانے کی پڑی ہے
صحرا میں بھی رہ کر مجھے وحشت نہیں آئی
آئینے سے کیا رکھتا کسی اور کی اُمید
جب سامنے خود میری حقیقت نہیں آئی
ماں باپ کے رُتبے کو نہیں پہنچے کبھی ہم
قدموں میں ہمارے کبھی جنت نہیں آئی
مَیں اُس کی عدالت سے بَری ہو گیا راہیؔ
حیران ہیں اعمال کہ شامت نہیں آئی

لاشعور (۲۰۰۶ء)

○

سایہ مرے درخت کا اتنا گھنا ہُوا — سورج کے واسطے ہے معمّہ بنا ہُوا
سارے جھروکے، کھڑکیاں، دروازے کھول کر — بیٹھا ہوں اپنے گھر میں تماشا بنا ہُوا
کوزے میں آتے آتے مرے ہوگیا کثیف — اُترا تھا کوہسار سے دریا چھنا ہُوا
رکھتا ہوں یوں سفر میں نظر آسمان پر — قدرت کا شامیانہ ہے مجھ پر تنا ہُوا
آثارِ تشنگی، سرِ آلودگی نہ پوچھ — صحرا کا نقش تھا لبِ دریا بنا ہُوا

...... ☆ ......

○

رکھتا نہیں ہے دشت سروکار آب سے
بہلائے جاتے ہیں یہاں پیاسے سَراب سے
دن میں بھی گھر اُجالے سے محروم ہے تو ہے
کرنوں کا کیا سوال کروں آفتاب سے
بالکل درست ہوتے ہوئے فیل ہوگیا
میں نے جواب نقل کیا تھا کتاب سے
وہ سال ہو کہ ماہ ہو دن ہو کہ ہو گھڑی
باقی نہیں بچوں کا کسی کے حساب سے
ہر شَے پر ایک اُچٹتی نظر ڈالتا چلوں
بیکار ہوگا میرا اترنا رکاب سے
ترمیم، حذف اور اضافے کے ساتھ ساتھ
یہ کلیات پُر ہے مرے انتخاب سے

○

قریب جتنی مرے شامِ زندگی آئی
دھندلکے اور بڑھے اور روشنی آئی
سکھایا مصلحت نے بَین بَین رہنا ہمیں
نہ دوستی ہمیں آئی نہ دشمنی آئی
قریب آ گئی ہے میری منزلِ مقصود
یوں ہی نہیں مری رفتار میں کمی آئی
نکلنا تھا مجھے زنداں سے، وقت پر، ورنہ
نظر فرار کی صورت کبھی کبھی آئی
شمار کرنے میں تاخیر ہوگئی ہم سے
کروڑوں سال میں اکیسویں صدی آئی
جو ہم نے رخنۂ دیوار چھوڑ رکھا تھا
نظر اسی سے وہ صورت کبھی کبھی آئی

''کلیاتِ راہی''

○

خیال و خواب میں یہ کیسی شمع جلنے لگی کہ موم بن کے مری شخصیت پگھلنے لگی
دباؤ اتنا بڑھا کائنات پر میرا جو راز اس نے چھپا رکھّے تھے اُگلنے لگی
کہاں سحر ہوئی اور دن کہاں چڑھا میرا اب آیا یاد کہ جب شام میری ڈھلنے لگی
جو دُور دُور رہی راہِ راست سے اب تک وہ بھیڑ اب مرے نقشِ قدم پہ چلنے لگی
کرایہ دار اک ایسا بسا لیا میں نے گری پڑی سی عمارت مری سنبھلنے لگی

...... ☆ ......

○

خزاں کے جاتے بہار آئے
گلے میں پھولوں کا ہار آئے
جہاں بھی اپنی خوشی سے بیٹھے
وہیں سے ہم اشک بار آئے
کسی پہ تب کیجیے بھروسا
جب اپنے پر اعتبار آئے
وہی تو دن تھے وہی تھیں راتیں
جو مشکلوں میں گزار آئے
بُلانا آوے تو آدمی کیا
مدد کو پروردگار آئے
جو گھر میں بیٹھا ہوا تھا، اُس کو
کہاں کہاں ہم پُکار آئے

☆

○

جو تھوڑی بہت مجھ میں خامی رہی
وہ انسان ہونے کی حامی رہی
میاں! دشت کی بات کرتے ہو تم
لبِ جُو مری تشنہ کامی رہی
مَیں تنہائی میں کب اکیلا رہا
مجھی سے مری ہم کلامی رہی
جو پیش آ سکے حادثے دُور کے
تو اس کا سبب تیز گامی رہی
حقیقت میں جو ہو مری شخصیت
تصوّر میں نامی گرامی رہی
جو لاکھوں کا چرچا رہا عارضی
تو دو اک کی شہرت دوامی رہی

☆

لاسخن (۲۰۱۲ء)

''مسیحائی کا شمار'

فاری شا (لندن)

غلام مرتضیٰ راہی کے کلام میں ہمیں نئی حسیت کی جلوہ گری ملتی ہے اور اس وجہ سے ان کی معنویت مسلّم ہے۔ ان کے مجموعے ''لامکاں'' کا ادبی حلقوں میں خیر مقدم کیا گیا تھا۔ راہی نے اس کے بعد جو کچھ کہا ہے اس میں تازگی اور نئے احساسات کی کارفرمائی اور بھی نمایاں ہے۔ یہ غزلیں پرانے سرمایے سے یکسر انحراف نہیں کرتیں، ان میں پُر خلوص تجربے کی رو صرف بغاوت پر مائل نہیں ہے، انفرادی تجزیے اور ذاتی احساس کو زیادہ اہمیت دیتی ہے۔ اس ذاتی احساس سے وہ موجودہ دور کے لہجے تک پہنچتے ہیں۔

......پروفیسر آل احمد سرور

انکشافِ ذات اور فرد و کائنات کے درمیان نئے رشتوں کی دریافت کے عمل نے بیسویں صدی کی ساتویں دہائی میں ایک نئے طرز احساس کو جنم دیا جس کی بدولت اردو شاعری بالخصوص غزل ایک نئے زاویے سے روشناس ہوئی۔ علامت اور استعارے کی نوعیت یکسر بدل گئی اور وہی غزل جو ولیؔ سے لیکر فراقؔ تک ایک خاص لہجے سے مانوس تھی اس کا رنگ و آہنگ اور اس کا منظر نامہ کچھ کا کچھ نظر آنے لگا۔ یہ تبدیلی اتنی فطری اور ناگزیر تھی کہ ذہین قاری نے اسے خوش آمدید کہا اور اسے بہت جلد درجہ اسناد مل گیا، مگر اسے اردو زبان کی بدقسمتی سمجھئے یا غزل کی تعمیر میں کوئی خرابی کی صورت مضمر ہے کہ غزل کا یہ نیا طرز بھی دیکھتے دیکھتے پامال ہونے لگا۔ نئی لفظیات کے میکانیکی اور غیر تخلیقی استعمال نے ایک ایسی نام نہاد نئی غزل کو جنم دیا جو بے جان اور نچوڑی ہوئی معلوم ہوتی ہے رسالوں کی ورق گردانی کیجیے ہر طرف چھلکوں کے ڈھیر لگے ہوئے ہیں۔

اس طوفانِ بدمذاقی میں چند ہی ایسے شاعر ہیں جن کا چہرہ پہچانا جا سکتا ہے۔ غلام مرتضیٰ راہی اس اعتبار سے ہماری توجہ کے مستحق ہیں، انہوں نے اپنے ذاتی تجربے پر بھروسا کیا ہے اور اسلوب کو اپنی فکر سے علیحدہ رکھنے کے بجائے ان کے صحیح امتزاج پر نظر رکھی ہے۔ راہی کی غزل میں ایک تہہ داری اور فکری دبازت ملتی ہے اور ان کے لہجے کی تازگی ان کے تخلیقی عمل کا ایک فطری نتیجہ معلوم ہوتی ہے۔ ''لامکاں'' کے بعد ''لاریب'' ان کی انفرادیت اور ان کے شعری کردار کو مستحکم کرتا ہے

......ڈاکٹر خلیل الرحمٰن اعظمی

روایت سے انحراف کے باوجود قدیم اسالیب تک نئی جہتوں سے رسائی جدید اظہار کا ایک اہم وسیلہ ہے۔ اس پیچیدہ تخلیقی عمل کے نتیجے میں جو غزل سامنے آئی غلام مرتضیٰ راہی کی شاعری اس کی ایک فکر انگیز مثال ہے۔

غزل کی شاعری جتنی آسان ہے اسی لحاظ سے اتنی ہی دشوار بھی ہے کہ اس صنف میں اپنے لہجے کو صدیوں سے گونجنے والی آوازوں سے الگ رکھنا اور اس کے لئے کے شعلے کو اونچا رکھنا بڑا فنی ریاض اور تخلیقی شعور چاہتا ہے۔ ہندوستان میں غزل کے جدید لہجے اور محاورے کو تخلیقی بصیرت کے ساتھ موضوعی تجربے کی اساس پر مستحکم کرنے والے شعراء میں غلام مرتضیٰ راہی کا نام بھی لیا جا سکتا ہے۔ جدید غزل کے علائم و استعارات بھی تقلیدی ذہنوں کی غیر تخلیقی قافیہ پیمائی کے ہاتھوں معنی کھوتے جا رہے ہیں۔ راہی نے ان بظاہر پٹے ہوئے الفاظ کو اپنے محسوسات سے ہم آہنگ کر کے داخلی تجربے اور خارجی حقائق کی زبان بنانے کا گر سیکھ لیا ہے اور اسی لیے غزل گو شعراء کے ہجوم میں جہاں چہروں میں امتیاز کرنا بہت مشکل ہے، راہی کی آواز کا چہرہ دوسروں سے ممتاز اور منفرد ہو کر پہچانا جانے لگا ہے۔ ان کی آواز کے چہرے کے ایسے عکس ہر ہر صفحے پر چمک رہے ہیں۔ جدید شاعری نئے معانی کی تلاش ہی نہیں تخلیق بھی ہے۔ ''لاریب'' اس تلاش و تخلیق کی ایک روشن مثال ہے۔

......ڈاکٹر وحید اختر

اس شان کی غزل لکھنے والے اردو میں انگلیوں پر گنے جا سکتے ہیں۔ ۱۹۳۷ء میں پیدا ہونے والے شاعر کے لیے ایسا مجموعہ (لامکاں ۱۹۷۱ء) پیش کرنا فالِ نیک ہے، خود اس کے لیے بھی اور اردو کے مستقبل کے لیے بھی۔ اس مجموعے سے ایک بار پھر غزل کے نئے امکانات کا ثبوت ملتا ہے۔

......ڈاکٹر محمد حسن

میں تمہاری شاعری کو بے حد پسند کرتا ہوں۔ تمہارا انفرادی رنگ پورے مجموعے سے ظاہر ہے۔ ادھر تمہارے مجموعے (لامکاں) پر تبصرے نظر سے گزرے، بہت سی خوبیوں کا انھوں نے ذکر نہیں کیا۔ تم کوئی معمولی غزل گو نہیں ہو۔ میں تمہیں، سلطان اختر اور زیب غوری کو بہت اہم سمجھتا ہوں۔

......بانی

غلام مرتضیٰ راہی کا یہ شعری مجموعہ (لاریب) اپنے اندر گونا گوں خصوصیات رکھتا ہے۔ موضوعات اور کیفیات کے تنوع کے ساتھ ساتھ اس میں اسلوب اور آہنگ کے بھی بعض نئے اور انوکھے تجربے ملتے ہیں۔ میں اس مجموعے کا خیر مقدم کرتا ہوں کہ ہر اعتبار سے یہ اچھی اور سچی شاعری کا ایک شاندار انتخاب ہے۔

......پروفیسر شہریار

آپ ان چند غزل گو شاعروں میں سے ہیں جن کی غزلوں میں اُس کرب کا شدت سے اظہار ہوا ہے جو جدید حسیت کی پہچان ہے۔ ''لاریب'' سے میرے مضمون کو بڑی مدد ملی۔ میں آپ کو اس دور کا اہم شاعر تسلیم کرتا ہوں اور آپ کے ذہین اور دانشور مداحوں میں خود کو شامل کرنا باعثِ فخر سمجھتا ہوں۔

......پروفیسر وارث علوی

جدید شاعری کے بارے میں اگر اقداری فیصلے نہ کیے جائیں، اسے

خالص لسانیاتی اور اسلوبیاتی نقطۂ نظر سے پرکھا جائے تو شعر کی قدر و قیمت کا صحیح اندازہ لگانے میں کوئی دشواری پیش نہیں آئے گی، اور تبھی ہم ایک شاعر کے کلام کو دوسرے شاعر کے کلام سے متمیز کر سکیں گے۔ غزلیں تو آج کل کے سبھی شاعر لکھتے ہیں اور ان کے موضوعات بھی تقریباً ایک جیسے ہوتے ہیں، دیکھنا یہ ہے کہ اسلوبیاتی نقطۂ نظر سے کون سا شاعر منفرد ہے اور کس شاعر کے کلام میں امتیازی خصوصیات پائی جاتی ہیں۔ اس طرح کے فیصلے سائنٹفک ہوتے ہیں، کیونکہ ان کی بنیاد علم پر قائم ہوتی ہے۔ غلام مرتضیٰ راہی کی غزلوں کا شعری اسلوب نہ صرف یہ کہ صوتی اور لفظی سطح پر بلکہ نحوی سطح پر بھی ایک منفرد اسلوب ہے۔ راہی کے کلام کے لسانی تجزیے سے زبان و بیان کی بے شمار خوبیاں ہمارے سامنے آتی ہیں، جو جدید شاعری کا دم بھرنے والے بہت سے شاعروں کے یہاں مفقود ہیں۔

...... پروفیسر مرزا خلیل احمد بیگ

''لامکاں'' آپ کے فن وہ بھی غزل کے فن کا پہلا Concrete نمونہ ہے۔ یہ مجموعہ غزل کے آرٹ اس کی نفسیات نیز اس کی سائنس پر آپ کی گہری نظر کا پوری طرح مظہر ہے۔ آپ نے ہر جگہ بڑے اعتماد اور چابکدستی سے اپنے Object کو گرفت میں لیا ہے۔ ایک طرف تو آپ نے غزل کے دائرہ اختیار کو وسیع کر کے اسے Tete-a-Tete کی رسمی سرگوشیوں اور خود کلامیوں کی تنگنائے سے باہر لا کھڑا کیا ہے تو دوسری طرف آپ نے اپنے کو کسی Obsorbent کی روشنائی نہیں بننے دیا۔ اس طرح صاف طور پر ایک dmarcational Line کئی معنوں میں پیش رو غزل سے آپ کو علیحدہ کر دیتی ہے۔ جس ارتکاز اور ہوشمندی سے آپ نے حیرت انگیز موڈز، عجیب و غریب Themes اور اردگرد کے گوناگوں جذر مد کو اپنے تجربے کا لاینفک جزو بنایا ہے، اسے نظرانداز نہیں کیا جا سکتا۔ آپ نے غزل کو نئے تیور دیے ہیں۔

...... پروفیسر عتیق اللہ

لہجے کی شاعری سوداؔ سے شروع ہو کر یاسؔ یگانہ چنگیزی، تلخؔ اور باقیؔ سے ہوتی ہوئی راہی کے یہاں تک پہنچی ہے، مگر ان لوگوں کا لہجہ، مجموعی طور پر غیر جاذب اور غیر شاعرانہ ہے۔ راہی نے غزل میں غزل کے ہی خوبصورت لہجے میں زندگی کے بے رحم اور کرخت مناظر کو ہم سب کے سامنے رکھا ہے جو کھردری صداقت سے بالکل الگ ایک نیا اور بڑا ہی خوبصورت انداز ہے۔ بلاشبہ راہی عصریت کے نئے پن اور غیر روایتی روایت کے حسن کا امین ہے۔

...... مصورؔ سبزواری

بیشک غلام مرتضیٰ راہی نے ''لامکاں'' سے لاریب تک کا سفر بڑی تیز رفتاری اور کامیابی کے ساتھ طے کیا ہے۔ ''لامکاں'' کی خوبیوں کے نقوش تازہ مجموعے میں گہرے ہو گئے ہیں، موضوعات کا تنوع بڑھ گیا ہے۔ اس مجموعے کی اشاعت پر مجھے بہت خوشی ہوئی ہے۔ یہ سوچ کر تقویت ہوتی ہے کہ میرا ایک ہم وطن شاعر میدانِ ادب میں اسی راہ پر گامزن ہے جس پر میں چل رہا ہوں۔

...... پروفیسر مظفر حنفی

غلام مرتضیٰ راہی کا طرۂ امتیاز یہ ہے کہ انہوں نے اردو غزل کی علامتوں اور تشبیہوں کو اپنے اور آج کے بنیادی احساسات سے نئی شکل اور قوت عطا کی ہے۔ یہ علامتیں اور تشبیہیں طلسمات و رنگ کی ایک دنیا بن گئی ہیں اور اسی لیے آج کے شعراء کی صف میں انہیں ممتاز حیثیت حاصل ہے۔

...... پروفیسر اصغر عباس

خیال بند یعنی تجریدی استعارہ گہری بات میں بدل جائے تو بیدلؔ اور غالبؔ کے بلند منارے نظر آنے لگتے ہیں۔ بیدلؔ کا شعر ہے:

چو حباب غیر لباس تو چہ توقع وچہ ہراس تو
نہ تو مانی، نہ قیاس تو چو کشند جامہ زپیکرت

یعنی لفظ و معنی کچھ نہیں، صرف اوپری لباس ہیں۔ معنی تو کہیں اور ہیں، لیکن جو شاعر گہرائی میں اترنا چاہے اور اُترنے کی صلاحیت بھی رکھے، وہ زمین کو آسمان سے ملا بھی سکتا ہے۔ ناصر علی سرہندی نے اسی لیے کہا تھا:

سخن از عرش بہ دل بردن رنداں آمد
ایں مئے صاف زمزشیشۂ افلاک چکید

لہٰذا شراب چاہے دکھائی نہ دے لیکن رگ و ریشے کو متاثر ضرور کرتی ہے۔ شعر میں گہرے معنی کا رنگ بھی ہوتا ہے اور غلام مرتضیٰ راہی کے تازہ مجموعے (لاکلام ۲۰۰۰ء) میں یہ رنگ دیکھئے

اس نے جب دروازہ مجھ پر بند کیا
مجھ پر اس کی محفل کے آداب کھلے

کرتا نہیں ہے کیوں وہ حقیقت مری بیاں
اوروں کے قصے کر دیئے مشہور کس لیے

دل نے تمنا کی تھی جس کی برسوں تک
ایسے زخم کو اچھا کر کے بیٹھ گئے

مثالِ سنگ ہوں میں اس کے بے رخی کے سبب
سراپا آئینہ اس کی توجہات سے تھا

سب ایک موڑ تک آئے مرے تعاقب میں
پھر اس کے بعد سمجھنے لگے سراب مجھے

اے مرے پایاب دریا تجھ کو لے کر کیا کروں
ناخدا، پتوار، کشتی، بادباں رکھتے ہوئے

جھانکتا بھی نہیں سورج مرے گھر کے اندر

بند بھی کوئی دریچہ نہیں رہنے دیتا

رسم باقی رہے غم خواری کی
آمری آگ میں جل جا تو بھی

ایسی عمر میں جب اکثر شاعر تھک کر بیٹھ چکے ہوتے ہیں، غلام مرتضیٰ راہی نے مرحلے تسخیر کر رہے ہیں۔

......پروفیسر شمس الرحمٰن فاروقی

مجھے راہی کے شعروں میں جو بات اچھی لگی یہ تھی کہ تخلیقی واردات کے کامراں لمحوں میں ان کا شعور رچا ہوا، ان کی حسیت اپنے عہد سے مشروط، ان کا لہجہ منفرد اور ان کی زبان تربیت یافتہ دکھائی دیتی تھی۔ ایک خاص قسم کی چابکدستی بیان میں اور شاعرانہ وفور ان کے ادراک میں تھا۔ ظاہر ہے یہ خوبیاں راہی کے تمام ہم عصروں کے یہاں نہیں ملتیں۔ فکر کی تازگی کو قائم رکھنا اور اسی کے ساتھ اپنی روایت سے رشتوں کو محفوظ بھی رکھنا مشکل کام ہے۔ اسی مجموعے (لاکلام) کی اشاعت سے مجھے خوشی ہوئی ہے۔

......پروفیسر شمیم حنفی

اب تک شاعروں کی جو ذہنی کھیپ سامنے آئی ہے، اس نے راہی کے کلام کے مطالعہ سے لفظوں کے برتنے کا اہتمام سیکھا ہے، نئے مضامین کو جزو سخن بنانے کا ہنر جان لیا ہے اور روایت کے حسن کو سمجھ کر اس سے انحراف کرتے ہوئے اظہار کے نئے گوشے پیدا کرنے کا علم حاصل کیا ہے۔

......پروفیسر علیم اللہ حالی

غلام مرتضیٰ راہی کے یہاں اپنے قرب و جوار کے مظاہر، واقعات اور حالات سے شعر اخذ کرنے کی جو غیر معمولی قوت متخیلہ ہے، وہ انہیں اپنے ہم عصر شعراء میں ممتاز فوقیت عطا کرتی ہے۔ یہ کشف عصری وسیلے سے ہی ان کے ہاں موجود ہو پایا ہے۔ راہی کا عصری کرب بے حد لطیف اور نازک احساسات کا آئینہ دار ہے۔

......کرشن کمار طور

''لاکلام'' کا شاعر اپنی بیکراں تخلیقی ذہانت اور لہجے کی پختگی اور تازہ کاری کی روشنی میں نہ صرف یہ کہ بیحد نمایاں اور ممتاز نظر آتا ہے بلکہ غزل کی عظیم الشان تخلیقی روایت کا ایک لازوال سنگِ میل بن چکا ہے۔

......پروفیسر لطف الرحمٰن

''لامکاں'' سے ''لاکلام'' تک کا سفر غلام مرتضیٰ راہی کا حیرت انگیز کارنامہ ہے۔ باقی کے بعد اردو غزل میں فردیت اور شخصی مطالعہ کے باب میں راہی بمشکل حیثیت ثانی قرار دیے جاسکتے ہیں۔

......ڈاکٹر رونق شہری

غلام مرتضیٰ راہی ہم عصر شاعروں میں اپنے منفرد اسلوب سے فوراً ہی پہچان لیے جاتے ہیں۔ شاعر صاحب بصیرت ہو اور اپنا منفرد ڈکشن رکھتا ہو تو نہایت گہرے و عمدہ جمالیاتی تجربے سامنے آتے ہیں۔ ''لاشعور'' میں راہی کی غزلیں زندگی کی اس طرح تشریح کرتی ہیں کہ قاری کے ذہن کی الجھنوں سے قریب تر ہو کر سکون بخشتی ہیں، جمالیاتی آسودگی عطا کرتی ہیں۔ قاری کو محسوس ہوتا ہے جیسے اس کے سامنے کوئی نیا دریچہ کھلا ہے:

کہاں تک اس کی مسیحائی کا شمار کروں
جہاں ہے زخم وہیں اندمال ہے اس کا

کیسا انسان ترس رہا ہے جینے کو
کیسے خشکی پر ایک مچھلی زندہ ہے

خود کو کبھی آئینے میں دیکھا بھی نہیں تھا
جب دیکھنا چاہا تو وہ چہرہ بھی نہیں تھا

کچھ ایسے دیکھتا ہے وہ مجھے کہ لگتا ہے
دکھا رہا ہے مجھے میرا آئینہ کچھ اور

یہ اک مشتِ خاک اس قدر ہے کہ اس کو
کوئی بھی اڑا کر ہمہ گیر کر لے

ہمسری ان کی جو کرنا چاہے
اُس کو سُولی پہ چڑھا دیتے ہیں

ہر خطرناک تجربے کے لیے
اک سمندر ہے دوسرا صحرا

کچھ تعلق نہ رکھا دنیا سے
خود میں ایسا سمٹ گیا صحرا

......پروفیسر شکیل الرحمٰن

غلام مرتضیٰ راہی کی شاعری کا میں شروع سے قائل ہوں۔ ان کی غزلوں میں اب بھی وہی آب و تاب ہے اور کہیں سے تھکن کے آثار نہیں ہیں۔ تازہ دمی کی ایسی مثال راہی کے ہم عصروں میں شاید ہی کسی کے یہاں مل سکے۔ راہی کی غزلیں آج کی شاعری کا بیش قیمت سرمایہ ہیں۔ معاصر غزل کا کوئی مطالعہ غلام مرتضیٰ راہی کے ذکر کے بغیر نامکمل رہے گا۔

......مظہر امام

غلام مرتضیٰ راہی عہد حاضر کے بیحد اہم اور باکمال شاعر ہیں۔ وہ غزل کے بے مثال نبض شناس ہیں۔ غزل کی روایت پر ان کی گہری نظر ہے۔ انہیں

اس کا ادراک ہے کہ غزل ایجاز واختصار کا فن ہے اور رمزیت واشاریت اس کی روح ہے۔ برہنہ گفتاری سے اس کا حسن مجروح ہوتا ہے۔ یہاں محض لفظ آرائی اور قافیہ پیمائی سے کام نہیں چلتا بلکہ رگ وپے سے لہو کشید کر کے شعری تخلیقی کی شریانوں میں دوڑانا پڑتا ہے تب جا کر معنی آفرینی کی متاعِ بے بہا ہاتھ آتی ہے، اور اس میں انفرادیت واستحکام پیدا ہوتا ہے۔ راہی کی غزلیں شاعروں کی بھیڑ میں ان کی انفرادیت کی شناخت ہیں اور ہماری شاعری میں اضافے کی حیثیت رکھتی ہیں۔

......علقمہ شبلی

''لاشعور'' کے خالق نے اپنی نگارشات میں تخلیقی توازن کا بھرپور مظاہرہ کیا ہے۔ ان کے اندرونِ ذات کی کشمکش کے مرقع اگر ہیں تو منیر نیازی کی طرح ایک کھلی ہوئی آزاد فضا بھی ان کی غزل میں گلگشت کناں ہے۔ یہ امر بھی لائق ستائش ہے کہ راہی نے اپنے تخلیقی سفر میں کبھی تھکان محسوس نہیں کی اور غزل کی بسیار گوئی کی عام فضا میں اپنی شناخت بنانے میں کامیاب رہے ہیں۔ اردو شاعری کے ساتھ ایک المیہ یہ بھی رہا ہے کہ ہر کس وناکس غزل گوئی کو اپناتے ہوئے غزلیہ شاعری کو تکراری بسیار گوئی سے بوجھل بنائے جا رہا ہے۔ ایسے میں راہی کی غزلیں اس اُوب اور بوجھل پن سے بھرے ہوئے ماحول میں غزلیہ شاعری کی عفت اور عظمت بچانے میں کامیاب رہی ہیں۔

فکری اور محسوساتی سطح پر راہی نے حدیثِ زندگی کے ضمن میں زیادہ اشعار کہے ہیں اور اس کوشش میں انھوں نے فنی امتیازارت کا بھی خیال رکھا ہے۔ ان کی کامیابی کی روشن دلیل یہ بھی ہے کہ ان کے بیشتر اشعار پیچیدگی کے ساتھ تاثیر اور کیفیت سے آمیز ہیں۔ یہ وہ منزل ہے جسے عظیم عالم آنند وردھن نے ''رس دُھون'' کا نام دیا تھا یا غالب نے جسے ''گنجینۂ معنی'' کا طلسم کہا تھا:

......عنبر بہرائچی

غلام مرتضیٰ راہی نے غزل کے بے شمار چہروں سے نقاب ہی نہیں سرکائی بلکہ فکر وتجربے کی پُرکشش اور دل نشیں فضا بھی قائم کی ہے، ان میں نکتہ آفرینی، شعور کے بے باکی، مشاہدات کی عکس بندی اور اظہار واسلوب کی تمکنت جلوہ ریز ہے۔ راہی کے شعری سفر کا آغاز ہی وہاں سے ہوا جہاں شاعری نئے تلازموں اور تازہ کار فکری عوامل سے ہمکنار ہونے کے لیے بیقرار تھی۔ ایسے میں جن شعراء نے تخلیقی اظہار کی نئی دنیا آباد کی، پیکر تراشی، استعارہ سازی، اور علامت نگاری کی دلکش قوس وقزح تیار کی، نئی نئی بامعنی اصطلاحیں وضع کیں، لفظ اور زبان کو تخلیقیت افروز چمک دمک عطا کی اُن میں غلام مرتضیٰ راہی پیش پیش تھے۔

......ظہیر غازی پوری

''لاشعور'' میں شعور وادراک اور علم وحکمت کے ایسے ایسے بیش بہا مرقعے موجود ہیں جو دنیائے علم وشعور میں نایاب نہیں تو کمیاب ضرور ہیں۔

......ڈاکٹر محبوب راہی

غلام مرتضیٰ راہی نے جس طرح کی شاعری کی ہے وہ کسی خاص زمانے میں TAG نہیں ہوسکتی۔ راہی زمانے کی حد بندیوں کو توڑتے بھی ہیں اور پھر ان کے اندر رچ بسے بھی نظر آتے ہیں۔

......ڈاکٹر ہمایوں اشرف

غلام مرتضیٰ راہی ایک توانا اور منفرد لب ولہجے کے شاعر ہیں۔ وہ ایک ایسی جدید غزل کی آبیاری کر رہے ہیں جو صرف اور صرف انہیں کا حصہ ہے۔ وہ ایک ممتاز، مقبول اور ہر دل عزیز شاعر ہیں۔ ان کا ایک ایک شعر وعمیق مطالعے کا مطالبہ کرتا ہے۔ ''لاشعور'' کو میں جدید شاعری کا ایک نیا ''ویب سائٹ'' (WEB SITE) تصور کرتا ہوں جو ان کی ادبی ریاضت کا ضامن ہے۔

......ڈاکٹر مشتاق صدف

ترقی کی مختلف صورتوں کا سامنا کرتے ہوئے ''شد پریشاں خوابِ من در کثرتِ تعبیرہا'' والی صورت کو نہ صرف محسوس کرنا بلکہ اس کا تخلیقی اظہار ہمیں بے حد خوبصورت پیرایے میں اپنے عہد کے جس تخلیق کار کے یہاں نظر آتا ہے اس کا نام غلام مرتضیٰ راہی ہے۔

......ڈاکٹر سراج اجملی

اردو شاعری میں چند ہی نام ایسے ہیں جو صرف تخلیقی توانائی کے بل بوتے پر ایک منفرد وقار رکھتے ہیں اور اس مقام تک پہنچنے میں جہاں پہنچنے کے لیے ایک عمر درکار ہوتی ہے، ان میں سب سے نمایاں نام غلام مرتضیٰ راہی کا ہے۔

......ڈاکٹر سیفی سرونجی

انفرادیت اور ندرتِ اظہار میر، غالب اور اقبال کے یہاں بھی ہے، لیکن غلام مرتضیٰ راہی کی انفرادیت متذکرہ بالا ابطالِ شعر وسخن سے الگ لب ولہجے کی حامل ہے، اس لیے ان کے یہاں طرح داری، تہہ داری اور معنویت بالکل نئے خدوخال لیے ہوئے ہے۔

......ڈاکٹر محمد اسماعیل آزاد

غلام مرتضیٰ راہی زندگی کو روزمرہ کی عام سطحوں پر نہیں دیکھتے۔ وہ حیات وکائنات کا ارتقاء اور زوال دونوں کو مجموعی طور پر دیکھتے ہیں اور روحانی کشف کی منزلوں سے گزرتے ہیں۔ زندگی کے نشیب وفراز پر ان کی نظر بہت گہری پڑتی ہے۔

......ڈاکٹر جمال اُویسی

عصری حسیّت کا رنگا رنگ مرقع دیکھنے کی جستجو ہو، کیف پرور، بصیرت افروز اور حیرت ناک جلوؤں کی سیر کرنی ہو تو غلام مرتضیٰ راہی کی غزلوں میں ضرور جھانکیں۔

......ڈاکٹر امام اعظم

حضرت میر تقی میر، بقول کسے اپنے صرف بہتر شعروں کی بدولت ''خدائے سخن'' کہلائے۔ حضرت راہی کے کلام میں تو نشتر ہی نشتر بھرے پڑے ہیں، مشکل یہ ہے کہ خدا کے بعد تو کوئی ہے نہیں، ایسے میں راہی کو کیا کہوں؟

......(علامہ) ناوک حمزہ پوری